राजभाषा हिन्दी

डॉ. कैलाशचन्द्र भाटिया

वाणी
प्रकाशन

प्रकाशन के उत्कृष्टतम 61 वर्ष

vaniprakashan.com

सजिल्द पहला संस्करण : 2002
सजिल्द दूसरा संस्करण : 2018
सजिल्द तीसरा संस्करण : 2024

वाणी प्रकाशन

4695, 21-ए, दरियागंज, नयी दिल्ली-110 002

फ़ोन : +91 11 23273167, 23275710

शाखाएँ

अशोक राजपथ, पटना-800 004, बिहार

कॉफ़ी हाउस कैम्पस, महात्मा गांधी मार्ग, प्रयागराज-211 001, उत्तर प्रदेश

महात्मा गांधी अन्तरराष्ट्रीय हिन्दी विश्वविद्यालय, वर्धा-442 001, महाराष्ट्र

sales@vaniprakashan.in
vaniprakashan@gmail.com

Rajbhasha Hindi
by Dr. Kailashchandra Bhatia

ISBN : 978-81-7055-200-0
Linguistics

मूल्य : ₹ 395

जी.एस. ऑफ़सेट द्वारा दिल्ली-110 095 में मुद्रित

वाणी प्रकाशन का लोगो मक़बूल फ़िदा हुसेन की कूची से

अपनी बात

'राजभाषा' के रूप में हिंदी का विकास मात्र भारतीय संविधान के निर्माण के साथ ही प्रारंभ नहीं हुआ वरन् उससे बहुत पहले विभिन्न रूप में हो चुका था जिसका संक्षिप्त इतिहास प्रस्तुत पुस्तक में दिया गया है। हिंदी की संवैधानिक स्थिति को भी विस्तार से स्पष्ट किया गया है।

सन् 1965 के बाद हिंदी भारत संघ की राजभाषा बन गयी है पर राजभाषा अधिनियम 1963 (यथासंशोधित 1967) के अनुसार सहभाषा के रूप में अंग्रेजी का प्राबधान है। राजभाषा के रूप में हिंदी के प्रगामी प्रयोग के लिए समय-समय पर आदेश निकाले जाते हैं। भारत सरकार के राजभाषा विभाग द्वारा इस दिशा में विभिन्न प्रयास किये गये हैं जिनका संक्षिप्त विवरण इसमें दिया गया है। प्रस्तुत पुस्तक में राजभाषा के इतिहास और उसकी संवैधानिक विकास के साथ ही उसकी वर्तमान स्थिति को स्पष्ट किया गया है।

इस पुस्तक को स्वरूप देने में इस विषय से संबंधित पुस्तकों, भारतीय संविधान, राजभाषा आयोग तथा समिति की रिपोर्ट, लेखक की डॉ० धीरेन्द्र वर्मा व्याख्यानमाला (1983) राजभाषा द्वारा प्रकाशित सामग्री से सहायता ली गयी है।

आशा है कि राजभाषा के रूप में हिंदी में रुचि रखने वाले जिज्ञासुओं तथा विद्वानों के लिए यह पुस्तक उपयोगी सिद्ध होगी।

—कैलाशचन्द्र भाटिया

बंधुवर डॉ० भोलानाथ तिवारी

की

स्मृति में

विषय-सूची

सन्ताली-हिन्दी अनुवाद : समस्याएँ और समाधान i

अध्याय-1

राजभाषा के रूप में हिंदी का विकास 9-23

विदेशी शासनकाल में; हिंदी के प्रचलन के लिए गैर-सरकारी प्रयत्न

अध्याय-1

संविधान में राजभाषा तथा राष्ट्रपति के विभिन्न आदेश 24-40

संविधान में राजभाषा; भारतीय संविधान लागू होने पर हिंदी के प्रयोग के संबंध में राष्ट्रपति के आदेश—सन् 1952, 1955 तथा 1960

अध्याय-3

राजभाषा अधिनियम, 1963 तथा कार्यान्वयन के लिए व्यवस्थाएँ 41-51

अध्याय-4

संघ लोक सेवा आयोग द्वारा संचालित सिविल सेवा परीक्षा मे हिंदी 52-56

अध्याय-5

सरकारी कामकाज में हिंदी के प्रयोग के लिए मार्ग-निर्देशन 57-66

जहाँ हिंदी का प्रयोग अनिवार्य है; जहाँ हिंदी और अंग्रेजी

दोनों का प्रयोग अनिवार्य है; हिंदी में टिप्पण और आलेखनः टिप्पण और आलेखन की भाषा

अध्याय-6

यांत्रिक साधन 67-71

अध्याय-7

प्रशासन में हिंदी के प्रयोग से सम्बन्धित व्यावहारिक कठिनाइयाँ—भाषिक पक्ष 72-83

अध्याय-8

वर्तमान स्थिति 84-86

परिशिष्ट **87-129**

संघ की राजभाषा नीति; अष्टम अनुसूची; सरकारी प्रशासन में भाषा संघ की राजभाषा; राजभाषा अधिनियम, 1963 (यथासंशोधित, 1967 तथा संकल्प, 1968); राजभाषा नियम, 1976; कुछ पदाधिकारियों व कर्मचारियों के कर्तव्यः विभिन्न प्रोत्साहन योजनाएँ

सन्दर्भ-साहित्य 130-132

सन्ताली-हिन्दी अनुवाद : समस्याएँ और समाधान

—डॉ. डोमन साहु 'समीर'

विगत 22 दिसम्बर, 2003 को हमारे देश, भारत, की लोकसभा (नयी दिल्ली) द्वारा सन्ताली भाषा को इस देश के संविधान की आठवीं अनुसूची में शामिल कर लिये जाने के निर्णय के फलस्वरूप यह भाषा (सन्ताली) एक आधुनिक भारतीय भाषा के रूप में प्रतिष्ठित हो गयी, जो इसके लिए एक बड़ी उपलब्धि है। राष्ट्रीय स्तर पर इस भाषा की सामान्य परिचिति सबसे पहले तब हुई थी जब 13 सितम्बर 1998 को साहित्य अकादमी (नयी दिल्ली) द्वारा इस भाषा के लिए 'भाषा सम्मान, 1997' प्रदान किया गया था। संयोगवश, वह सम्मान इन पंक्तियों के लेखक को ही प्राप्त हुआ था, जिसने जून, 1947 से ले कर जून, 1983 तक बिहार-सरकार द्वारा प्रकाशित प्रथम सन्ताली साप्ताहिक पत्र 'होड़-सोम्बाद' का सम्पादन तथा ढाई दर्जन से अधिक छोटी-बड़ी पुस्तकों का प्रणयन करके इस भाषा साहित्य के उन्नयन में यत्किंचित योगदान किया है। अब संविधान की आठवीं अनुसूची में शामिल कर लिये जाने से, इस भाषा-साहित्य की अभिवृद्धि के द्वार अनेकशः खुले गये हैं।

सन्ताली हमारे देश के झारखण्ड, बिहार, उड़ीसा, पश्चिम बंगाल, असम, त्रिपुरा, आदि राज्यों में बसे हुए पचास लाख से कुछ अधिक अनुसूचित जनजातीय 'सन्ताल' लोगों की मातृभाषा है। हमारे देश के अलावा नेपाल और बाँग्लादेश में भी सन्ताली-भाषियों (सन्ताल लोगों) की आबादी हज़ारों की संख्या में है। हमारे देश की मुण्डारी, हो, खड़िया, कोरकू, कोरवा, आदि जनजातीय भाषाएँ सन्ताली की सहोदराएँ हैं, जिनके बोलने वालों की संख्या अलग से बीस लाख के आस-पास होगी। ये सभी भाषाएँ सामान्यतः 'आदिवासी भाषाएँ' कहलाती हैं।

अन्तर्राष्ट्रीय क्षेत्र में सन्ताली भाषा 'ऑस्ट्रो-एशियाटिक' (दक्षिण एशियाई) भाषा परिवार के अन्तर्गत परिगणित है तथा सुपात्रा, जावा, बोर्नियो, आदि पूर्वी

द्वीपसमूह की मोन, रुमेर, बहनार, आदि भाषाओं की सजातीय मानी जाती है। 'ऑस्ट्रों-एशियाटिक' शब्द-युग्म का संक्षेपीकरण 'ऑस्ट्रिक' है जिसका समानार्थी 'आग्नेय' शब्द हिन्दी में प्रचलित है। पूर्वी द्वीपसमूह हमारे देश से 'अगिनकोण' में अवस्थित रहने के फलस्वरूप यह 'आग्नेय' शब्द सटीक है। इस प्रकार जनजातीय 'सन्ताली' आग्नेय परिवार की प्रमुख भारतीय भाषा है।

युगों से केवल वाचिक (मौखिक) बोली के रूप में ही जीवित रहते आने के बाद सन्ताली सबसे पहले 1845-50 में जर्मिया फ़िलिप्स नामक एक ईसाई पादरी साहब द्वारा लिपिबद्ध की गयी थी। इस भाषा की अपनी कोई लिपि नहीं है। फ़िलिप्स साहब ने इसे बँगला लिपि में लिपिबद्ध किया था, परन्तु बाद के मिशनरी पादरियों द्वारा इस भाषा के लिए रोमन लिपि का प्रयोग किया जाता रहा है। साथ ही इस समय बिहार, झारखण्ड, पश्चिम बंगाल, उड़ीसा, आदि राज्यों के विभिन्न अंचलों में देवनागरी, बँगला, उड़िया और 'ओल चिकि' नाम की एक नव-निर्मित लिपि का प्रचलन भी सन्ताली के लिए है। इस प्रकार कुल पाँच लिपियों में यह भाषा लिखी-पढ़ी जा रही है।

सन्ताली के लिए देवनागरी लिपि का प्रयोग सर्वथा उपयुक्त है, जिसका आरम्भ इस लेखक द्वारा 1940-41 से किया गया है। सन्ताली ध्वनियां के लिए देवनागरी लिपि के वर्ण पर्याप्त हैं। यहाँ तक कि व्यंजन वर्ण 'ङ' और 'ञ' स्वतन्त्र रूप में भी इस भाषा में उच्चरित होते हैं—'बाङ' = नहीं, 'बाङमा' = कि, 'डाङ' = लग्गा; 'ञाम' = पाना, 'ञुत' = अँधेरा, 'सेरेञ' = गीत, इत्यादि। साथ ही, इस भाषा में चार किंचित अवरुद्ध हलन्त ध्वनियाँ हैं जिनके लिए देवनागरी लिपि के 'क्', 'च्', 'त्' और प्' के प्रयोग उपयुक्त हैं; यथा—'दाक्' = पानी, 'आराक' 'लाल; लाच्' = पेट, 'मुच्' = चींटी; मात्' बाँस, 'मेंत' = आँख; 'उप्' = बाल, 'साप्' = पकड़ना इत्यादि। इन शब्दों में प्रयुक्त 'क्', 'च्', 'त्' और 'प्' के उच्चारण में इन वर्णों का बहिस्फोट किंचित अवरुद्ध-सा रहता है यद्यपि ये हलन्त वर्ण ही है। इन वर्णों के साथ स्वर वर्णों की संहिता होने पर 'क्' का ग, 'च्' का ज, 'त्' द का और 'प्' का ब हो जाया करता है। यथा — माक्' + आ = मागा (काटेगा), रेच्' + ए = रेजे (किसी से छीन लेना); मेंत' + ओक् = मेंदोक् (आँख आना); साप् + ओक् = साबोक् (पकड़ा जाना) इत्यादि।

हाँ सन्ताली की कुछ विशिष्ट ध्वनियों के लिए एक ह्रस्व (परिवर्ती) 'आ'-कार, एक प्रसृत 'ए'-कार और एक प्रसृत 'ओ'-कार की आवश्यकता पड़ती है। जिनकी मात्राओं के रूप में क्रमशः 'आ'-कार (ा) के नीचे एक बिन्दु (ा़) , 'ए'-कार के साथ एक चन्द्र कला (ॅ) और 'ओ'-कार के नीचे एक बिन्दु का प्रयोग (ो़) करके

समस्या का समाधान कर लिया गया है; उदाहरण के लिए, 'आ.क' (ऊख) , 'गिदरा' (बच्चा), 'एँर' (छींटना), गें र (दाँत से काटना), 'ओ.ल' (लिखना), बो.तो.र' (भय), इत्यादि। उपुयक्त लिपिचिह्नों के नहीं रहने पर शब्द-विशेष के अर्थ में अन्तर पड़ जाता है; जैसे 'दा.ल' (पीटना), परन्तु 'दाल' (दाल); 'एँरा' (स्त्री, पत्नी), परन्तु 'एँरा' (छींटेगा); 'कोल' (भेजना), क़ोल' (कल, यन्त्र), इत्यादि।

सन्ताली की मूल शब्दावली मुख्यतः आहार निद्रा, भय आदि जीवन की अनविार्य आवश्यकताओं, प्राकृतिक पदार्थों, शरीर के अंगों आदि से सम्बन्धित है— दाक्, दाका, जोम, ञू, गितिच्', बेरेत', सेनोक्', विजुक्, बिर, बुरू, ओत, सेरमा, रिमिल, बोहोक्' उप्', मेंत', मूँ, मोचा, ती, काटुप्' आदि (क्रमश' पानी, भात, खाना, पीना, सोना उठना, जाना, आना, जंगल पहाड़ पृथ्वी, आकाश, बादल, सिर,बाल आँख, नाक, मुँह, हाथ और अँगुली) परन्तु युगों से इस देश की संस्कृत, प्राकृत, अपभ्रश हिन्दी, पंजाबी, बँगला आदि भाषा-भाषियों के साथ सन्ताली भाषा-भाषियों का सम्पर्क रहते आने के फलस्वरूप संस्कृत प्राकृत, हिन्दी बँगला आदि भाषाओं की प्रचुर शब्दावली, किंचित परिवर्तनों के साथ, सन्तानी में प्रविष्ट और प्रचलित है, जबकि आधुनिक सभ्यता, व्यापार, वाणिज्य आदि विषयो से सम्बन्धित अत्यधिक शब्द, मुख्यतः हिन्दी के माध यम से सन्ताी में पैठ रहे हैं जो इस भाषा-साहित्य की श्रीवृद्धि के लिए अपरिहार्य हैं। यहाँ वैसे शब्दों की सूची प्रस्तुत किये जाने का अवकाश नहीं है। परन्तु, सन्ताली से हिन्दी में और हिन्दी में अनुवाद किये जाने प्रसंग में ध्वनि-समूह और शब्दावली सम्बन्ध ी उपर्युक्त तथ्यों पर सम्यक ध्यान रखा जाना आवश्यक है।

जहाँ तक वाक्य-विज्ञान की बात है, सन्ताली से हिन्दी में अथवा हिन्दी से सन्ताली में अनुवाद किये जाने में कोई खास कठिनाई नहीं है, क्योंकि इन क्षेत्रों की भाषाओं के वाक्यों के पदक्रम लगभग एक-से ही होते हैं। तदनुसार, एक सन्तानी गद्यांश का हिन्दी अनुवाद देखा जाये।

"सेदाय रेयाक्' काद्या काना। गाजाड़ बिर भितरी रे मित् टेच्' आतो ताहेंकाना। ओना आतो दो ओन्ते-नोते कुरू आर बिरको ते पेरेच्' गे ताहेंकाना। आ़ना़ड़ी होड़् दो ओण्डे जाहाँन आतो मेनाक्-आ मेन्ते बाको थित दाड़ेयाक्' कान ताहेंकाना। ओना इयाते ओण्डे दो भाग लेकाते गे जाहाँय को सोहोर सेटेरोक्' कान ताहेंकाना।" (सन्ताली)

"पुराने जमाने की बात है। (एक) सघन जंगल के अन्दर एक गाँव था। वह गाँव इधर-उधर (से) पहाड़ और जंगलों से भरा (घिरा) हुआ था अनाड़ी लोग वहाँ कोई गाँव है, ऐसा निश्चय नहीं कर सकते थ। उस वजह से वहाँ संयोशवश ही कोई पहुँचा करते थे। (हिन्दी अनुवाद)

दूसरी ओर किसी सन्ताली पद्यांश का अनुवाद या तो पदानुसारी गद्य में या भावानुसारी पद्य मे किया जा सकता है, यद्यपि पद्यानुवाद ज़रा कठिन (समस्यामूलक) हो सकता है। उदाहरणार्थ दो सन्ताली लोक-गीतों के (क) पदानुसारी गद्यात्मक और (ख) भावानुसारी पद्यात्मक हिन्दी अनुवाद निम्नांकित पंक्तियों में प्रस्तुत है।

(क) "बुरू झारना कोद ङाडी दाक्';
दाक्' दो., गातिञ हो!, ञुइमे,
दाक्' दो. गातिञ हो!, नालोम बोडेय।
बाड़गे कोचा रे तोवा बाहा;
बाहा दो. गातिञ हो! सिदमे,
डा.र दो. ग़ातिञ हो! नालोम रापुद।"
—पहाड़ी निर्झर, जामुनी चुआँड़ी का जल (है);
जल पीना हो तो, संगी मेरे! पी लो,
(किन्तु जल को गँदला मत करो (मेरे संगी);
घर के पिछवाड़े की बगिया में 'दुधी' (तगड़) फूल है;
(वह) फूल तोड़ना हो तो, संगी मेरे। तोड़ लो,
(परन्तु) डाल को तोड़ना नहीं (मेरे संगी)

(ख) "बुरू, सेंगेल लोक्' दो होड़को ञेला;
निञाङ जिवी लोक्' दो तो़को़य ञेला?
जिञाड़, जिवी लोक् दो. बुरसी सेंगेल,
निञाङ जिवी लो़क' दो. तो़को़य ञेला?"
—पर्वत पर आग लगे, सब कोई देखे;
मन में मम आग लगी, कौन उसे देखे?
मन में मम आग लगी, बोरसी की आग;
मन में मम आग लगी, कौन उसे देखे?

स्पष्ट है कि यहाँ के पहले गीत (क) में नायक के प्रति नायिका का प्रणय-आमन्त्रण प्रतीकात्मक शैली में है—'निर्झर का निर्मल जल-पान तो कर सकते हो, उसे गँदला मत करना; क्वँारेपन का प्रतीक 'दुधि' (तगड़?) फूल तोड़ तो सकते हो, उसकी डाल मत तोड़ डालना।' उसी प्रकार, दूसरे गीत (ख) में नायिका की प्रणयाग्नि की उपमा बोरसी (अँगीठी) की अग्नि से दी गयी है, जो अन्दर-ही-अन्दर सुलगती रहती है, कोई उसे 'देख' नहीं पाता। क्या ख़ूब। कहना न होगा कि सन्ताली लोक गीत अनूठी उपमा, उत्प्रेक्षा, अर्थान्तरन्यास, आदि की छटाओं से भरपूर है। प्रस्तुत लेखक द्वारा हिन्दी में अनूदित अनेक सन्ताली लोकगीत विभिन्न पत्र-पत्रिकाओं

में प्रकाशित होते रहे हैं।

हिन्दी से सन्ताली में किये जाने वाले अनुवाद में एक समस्या यह है कि सन्ताली में भाववाचक शब्दों का प्रायः अभाव-सा है। उदाहरण के लिए 'मनुष्य', 'बड़ा', और 'लिखना' के लिए सन्ताली में क्रमशः 'होड़', 'माराङ' और 'ओ़ल' शब्द तो हैं, परन्तु 'मनुष्यता', 'बड़प्पन' और 'लिपि' या 'लेखन' के लिए सन्ताली में किया जाने वाला अनुवाद ज़रा घुमा-फिरा कर किया जाता है, जिसमें सन्ताली का सामान्य शब्द ही भाववाचक शब्द के रूप में भी प्रयोग में लाया जा सकता है। उदाहरण के लिए 'मनुष्यता बड़ा गुण है।' (हिन्दी)—हो़ड़ो़क दो़ आड़ी माराङगुन काना' (अर्थात् 'मनुष्य होना बहुत बड़ा गुण है।') (होड़ोक) का प्रयोग किया गया है।

सन्ताली की एक विशेषता यह है, हिन्दी के किसी एक शब्द के अर्थ में सन्ताली में भिन्न-भिन्न शब्द है; जैसे 'बैठना' के अर्थ में, मनुष्यों के लिए 'टुड़ुप', चौपायों के लिए 'बुरुम', पक्षियों के लिए 'आप्', कन्दमूलों के लिए 'दा' शब्द सन्ताली में हैं—'होड़े टुड़ुप आकाना'—आदमी बैठा है', 'डाँगराय बुरुम आकाना' = बैल बैठा है', 'चेंड़ेंग आप्' आकाना' = चिड़िया बैठी है', 'आलू खूब दा आकाना'= आलू खूब बैठा है', इसी तरह, 'काटना' के अर्थ में गेरॅ' (दाँतों से काटना), गेत् (कोई कड़ी चीज़ छुरी आदि से काटना), 'डर' (हँसिये से घास आदि काटना) 'सामाक्' (गँड़ासे आदि से खण्ड-खण्ड करके काटना) आदि भिन्न-भिन्न शब्द सन्ताली में हैं। अतः हिन्दी से सन्ताली में अनुवाद करने में उस भाषा की इन विशेषताओं का ज्ञान होना आवश्यक है।

फिर भी अनुवाद तो एक भाषा से दूसरी में होने ही हैं। प्रस्तुत लेखक द्वारा प्रेमचन्द की 'नमक का दारोग़ा', 'पंच परमेश्वर', 'मन्त्र' आदि कहानियाँ क्रमशः 'बुलुङ दारोगा' 'मोंड़े हो़ड़ माराङ ठाकुर', 'मान्तार' आदि शीर्षकों में अनूदित और प्रकाशित की गयी हैं। उसी प्रकार सन्ताली के अनेक कवियों की कविताओं और कहानियों के अनुवाद भी हिन्दी में इस लेखक द्वारा सफलतापूर्वक किये जा चुके हैं। आशा है भविष्य में इस प्रकार के अनुवाद, दोनों ओर से होते रहेंगे।

उदाहरणार्थ, एक छोटे-से हिन्दी गद्यांश का सन्ताली अनुवाद निम्नांकित है—

"हमारे घर के पास एक आम का पेड़ है। उसकी डालों पर बहुत-से पक्षी बैठे हुए हैं। नीचे एक कुत्ता बैठा हुआ है। अनेक बच्चे उस पेड़ की छाया में खेल रहे हैं। मैं अपने घर के ओसारे पर बैठा हुआ उन्हें देख रहा हूँ।"

—"आले ओड़ाक्' फेड रे मित्' टेच्' उलदारे मेनाक्'आ। ओना रेयाक' ङा़रको रे आयमा चेंड़ेंको आप्' आकाना। लातार रे मित्' टेन सेताय बुरुम आकाना। आयाम गिदरा़, ओना दारे उमुल रेको, एनेच्' काना। डञ दो़ आलेओड़ाक्' रेयाक्' पिण्डा़ रे टुड़ुप आकान ओनकोञ ञेळेत' कोआ।"

अध्याय 1

राजभाषा के रूप में हिंदी का विकास

'राजभाषा' का सामान्य अर्थ है—राजकाज चलाने की भाषा अर्थात् भाषा का वह रूप जिसके द्वारा राजकीय कार्य चलाने में सुविधा हो। शब्द की दृष्टि से 'राजभाषा' शब्द बहुत पुराना नहीं है। पहले 'राष्ट्रभाषा' का प्रयोग चलता था, अब 'राष्ट्रभाषा' तथा 'राजभाषा' में भेद किया जाता है। राष्ट्रभाषा वह भाषा है जिसका प्रयोग संपूर्ण राष्ट्र में हो। देखा जाये तो यह 'स्टेट लैंग्वेज' का अनुवाद है और स्टेट लैंग्वेज का सर्वप्रथम प्रयोग राजाओं द्वारा किया गया। संविधान में स्वीकृति के बाद इसका प्रयोग प्रारंभ हुआ। यदि इसको सर्वसामान्य रूप में स्वीकार किया जाये कि वह भाषा जो किसी 'राज्य' में केंद्रीय या प्रादेशिक सरकार द्वारा पत्र-व्यवहार व सरकारी कामकाज चलाने के लिए प्रयोग में आती हो तो इसका प्रयोग काफी प्राचीन काल से चला आ रहा है, चाहे इसके नाम समय-समय पर भिन्न रहे हों। स्वयं 'हिंदी' नाम विदेशियों का दिया हुआ है। 'हिंदी' के अतिरिक्त 'हिंदुई', 'हिंदवी', 'दहलवी' आदि नाम चलते रहे। 'हिंदी' का प्रयोग दक्खिनी के लिए भी किया जाने लगा :

> ये हिंदी बोलू सब।
> उस अर्तो के सबब। (खुशनामा-शम्मुउलश्शाक मृ०, 1497)
> ये सब बोलूं हिंदी बोल। (जानम, 1582 ई०)

हिंदी के प्रारंभिक स्वरूप का विकास उत्तर अपभ्रंशकालीन युग से ग्यारहवीं शताब्दी से हुआ। दानपत्र तथा शिलालेख सन् 1172 ई० के मिलते हैं। पृथ्वी-राज के सिंहासन पर आरूढ़ होने का उल्लेख 1178 ई० का मिलता है। प्राचीन काल के सिक्कों से पता चलता है मुहम्मद गोरी के सिक्कों पर देवनागरी का प्रयोग मिलता है। शहाबुद्दीन (1192 ई०) ने ब्रजमिश्रित भाषा का प्रयोग किया।

इस संपर्क भाषा का और अधिक विकास तब हुआ जब अलाउद्दीन (13वीं शताब्दी) तथा तुगलक (देवगिरि-राजधानी—1327 ई०) के कारण उत्तर भारत

के लोग बड़ी संख्या में दक्षिण में गये। बाद में प्रशासनिक दृष्टि से अकबर ने मालवा, बरार, खानदेश और गुजरात को मिलाकर 'दक्खिन' प्रदेश बनाया। औरंगजेब ने छह इकाइयों में विभाजित किया। उस समय कुछ मुस्लिम परिवारों के अतिरिक्त शेष सभी व्यापारी और श्रमिक घर-बाहर सभी जगह खड़ी बोली का प्रयोग करते थे। दक्खिनी के विशेषज्ञ डॉ० श्रीराम शर्मा के अनुसार, "इन सेनाओं के नायकों में ऐसे लोगों की संख्या अधिक थी जो दिल्ली में बस गये थे या दिल्ली में जनमे थे। वे लोग खड़ी बोली से अच्छी तरह परिचित थे। × × खड़ी बोली पर हरियाना, मेवात, शेखावाटी तथा ब्रज से संबंधित बोलियों का प्रभाव था। उत्तर भारत के विभिन्न प्रांतों से आये हुए ये परिवार घरेलू जीवन में अपनी बोली बोलते थे और दूसरे क्षेत्र के व्यक्ति से मिलते समय खड़ी बोली का प्रयोग करते थे। ईरान, इराक़ के मुसलमान आफ़ाकी कहलाते थे। यह कभी मराठी-भाषी क्षेत्र में नियुक्त होता था, कभी तेलुगु-भाषी प्रदेश में और कभी कर्णाटक में। यही कारण है कि आफाकी लोगों ने भी खड़ी बोली को सामान्य बोलचाल के लिए स्वीकार कर लिया। हैदरअली और टीपू सुल्तान इसको सुदूर केरल तक ले गये जहाँ यह भाषा 'गोसायि' भाषा के रूप में जानी गयी। उत्तरी भारत से आने वाले संत लोगों के अर्थ में विशेष रूप से तीर्थयात्री के अर्थ में 'गोसायि' (गोसाइँ) का सामान्य प्रयोग बढ़ा। हैदर और टीपू ने कोच्चिन के राजा के साथ जो संधि की, उसके अनुसार राज्य परिवार के लोगों को हिंदुस्तानी सिखाने के लिए कहा गया, फलतः हिंदुस्तानी मुंशी की नियुक्ति हुई और हिंदुस्तानी को प्रशासन में स्थान मिला।

सिकंदर लोदी के शासन-काल में राज्य का हिसाब-किताब 'हिंदी' में होता था (डॉ० आबिद हुसैन)। शेरसाह सूरी के सिक्कों में नागरी और फारसी दोनों का उल्लेख मिलता है। मुगलों की दरबारी अर्थात् राजकाज की भाषा ऊपरी तौर पर फारसी भले ही रही हो, पर बोलचाल की भाषा न होने के कारण उस समय भी काश्मीर, पंजाब, उत्तरी प्रदेश, बिहार, मध्य भारत आदि में हिंदी भाषा ही आंतर भाषा के रूप में विकसित हुई। ऐसी स्थिति में 'सहराजभाषा' हिंदी ही मानी जा सकती है। अकबर स्वयं हिंदी में लिखते थे। जहाँगीर को हिंदी भली प्रकार आती थी। डॉक्टर जान माशेल (1668-1672 ई०) ने आलमगीर औरंगजेब के शासन में नागरी भाषा के विषय में जो कुछ सुना, वह लिखा। देखा जाए तो जिला स्तर पर जो आज प्रशासनिक भाषा का ढाँचा है उसकी बहुत कुछ देन मुगल काल की है—तहरीर, याददाश्त, खाते-नक्शा, मिसिल, इत्तलानामा, रसीद, सनदी फरमान, हकीकत, फरद, दस्तूर, रोजनामा आदि। सभी उसी समय से प्रशासन का अभिन्न अंग बन गये हैं। औरंगजेब के काल तक तो हिंदी की विविध शैलियाँ प्रयोग में आने लगी थीं, साथ ही ब्रजभाषा व राजस्थानी का भी

प्रशासन में प्रयोग होने लगा। डॉ० रामबाबू शर्मा के अनुसार पत्र का ढाँचा जिन शीर्षकों में तैयार होता था, वे थे (1) मंगलवाचक शब्द, (2) पूर्वपत्र का संदर्भ, (3) अन्य प्रासंगिक-अप्रासंगिक घटनाएँ, आदेश, (4) मूल विषय का वर्णन, (5) सम्राट् की आज्ञाओं को कार्यान्वित करने का मुजरा, (6) पत्र-प्रेषण का मास, तिथि, संवत् आदि, (7) प्राप्तकर्ता के कार्यालय द्वारा सम्मानार्थ प्रेषक दीवान तथा वकील का उल्लेख, (8) प्रेषण तथा प्राप्ति-तिथि का उल्लेख। आचार्य चंद्रबली पांडेय ने 'राष्ट्रभाषा पर विचार' में मुगलकाल में हिंदी के प्रयोग का विस्तृत विवरण दिया है।

मराठा प्रशासन में हिंदी का प्रयोग राजभाषा के रूप में व्यापक रूप में मिलता है। मराठों के राजकाज से संबद्ध सैकड़ों पत्र पूणे तथा बीकानेर के अभिलेखों में सुरक्षित हैं। इन पत्रों के आधार पर डॉ० केलकर ने '18वीं शती के हिंदी पत्र' शीर्षक शोध-प्रबंध प्रस्तुत किया। 17वीं शताब्दी तक हिंदी गद्य में अभिव्यंजकता भरपूर आ गयी थी। "पत्र-व्यवहार के लिए हिंदी अथवा 'हिंदवी' भाषा को अपना माध्यम बनाया। उत्तरी भारत के नरेश, कर्मचारी आदि तो पेशवा, मराठा सरदारों, मराठा शासन के अधिकारियों आदि को हिंदी में पत्र लिखते ही थे परंतु उधर पेशवा, मराठा सरदारों और सेनानायकों को मराठा राज्य के अधिकारियों आदि की ओर से भी जो कागजपत्र इन हिंदी-भाषी राजपूत नरेशों, उनके राजघरानों, कर्मचारियों आदि को लिखे जाते थे, वे भी हिंदी में ही होते थे। यही नहीं, उन प्रदेशों के राजकीय कार्य संबंधी अनेकानेक प्रमाणपत्र, निर्देश, राजनीतिक या आर्थिक समझौते, संधिपत्र आदि भी अनिवार्य रूपेण हिंदी में ही लिखे जाते रहे।" (पृ० 10)

'पेशवे दफ्तर' में मराठी पत्रों के साथ पर्याप्त हिंदी के पत्र भी हैं। इन सरकारी पत्रों में 78 विभिन्न प्रकार प्राप्त हुए हैं (राजवाड़े-इतिहास संशोधक मंडल, पूणे)। इन पत्रों में प्रशासन संबंधी पर्याप्त शब्दावली मिलती है। मराठा प्रशासन के मध्य ताम्रपत्र लिखने, मराठा से हिंदी भाषा में अनुवाद, राजनीतिक समझौते, सेना-प्रशासन में हिंदी का पर्याप्त प्रयोग मिलता है। डॉ० केलकर का अध्ययन 1701 से 1800 ई० तक की राजभाषा के स्वरूप पर आधारित है जिनमें सहस्रों दानपत्रों, पत्रों, पट्टों, परवानों, बहियों आदि में सुरक्षित हिंदी भाषा पर प्रकाश पड़ता है। 'टाड कलेक्संज' में अठारहवीं-उन्नीसवीं सदी के प्रारंभ के 86 प्रकार के सरकारी पत्र हिंदी में मिलते हैं। लंदन में प्राप्त कर्नल टाड के इस संग्रह से कतिपय राजकीय पत्र डॉ० केसरीनारायण शुक्ल ने नागरी प्रचारिणी पत्रिका के ही एक जयंती अंक में प्रकाशित करवाये। सन् 1738, 1759, 1760 के पत्र से तत्कालीन गद्य की स्थिति और भाषा का रूपात्मक विकास स्पष्ट होता है। 1745 ई० में बीकानेर के राजा गजसिंह ने जयपुर के महाराजा माधोसिंह को

हिंदी में पत्र लिखा । इस प्रकार के सैकड़ों पत्रों का भंडार राजस्थान सरकार के बीकानेर स्थित प्राचीन लेख-संग्रह में है ।

राजस्थान की विभिन्न रियासतों में तो पूरा पत्राचार हिंदी में होता था। ग्वालियर नरेश महाराज जायाजी राव सिंधिया ने दीवान शेख गुलाम हुसैन के 27-11-1853 की यह आज्ञा प्रचारित की कि फारसी शब्दों का प्रयोग करने पर दंड की व्यवस्था है । जयपुर के दीवान पं० शिवदीन का 1857 ई० का पत्र, बीकानेर के महाराजा श्री डूंगरपुर ने सन् 1872 में सर टामस जार्ज बेरन नार्थब्रूक तक को हिंदी में पत्र लिखा । सन् 1807 ई० 'अलवर' में उर्दू के स्यान पर हिंदी के प्रयोग का राज्यादेश निकाला गया । इन सबसे यही निष्कर्ष निकलता है कि संपूर्ण राजस्थान की रियासतों के कामकाज की भाषा हिंदी थी, निस्संदेह स्थानीय बोलियों-भाषाओं का उसमें प्रभाव रहा है । इसी सामग्री पर डॉ० महेश चंद्र गुप्त ने 'राजस्थान के प्रशासनिक कार्यों में हिंदी का प्रयोग' शीर्षक से शोध-प्रबंध प्रस्तुत किया है । हिंदी क्षेत्र से इतर देशी राज्यों में भी हिंदी को प्रश्रय था । बड़ौदा-नरेश की आज्ञा से 'सयाजी शासन शब्द कल्पतरु' शीर्षक से प्रशासन शब्द-कोश तैयार किया गया, उसमें गुजराती, बंगला, मराठी, फारसी के अतिरिक्त हिंदी रूप भी दिये गये हैं । इस कोश से यह ज्ञात होता है कि इस शताब्दी के प्रारंभ में वहाँ मध्यस्थ, पंच, नित्यावास, बंदीपाला, काराध्यक्ष, कर्मसचिव, अनंतिम आज्ञा, निक्षेप, समिति, व्यवस्थापक, टीपण, व्यवस्थापत्र, उत्तराधिकारी, वादी, विवादी जैसे सहस्रों शब्द चल रहे थे । सत्रहवीं शताब्दी में ही 'राजव्यवहार कोश', 'शब्दरत्न समन्वय', 'शब्दार्थसंग्रह' जैसे कोश तैयार कर लिये गये थे ।

हिंदी की सरलता, देश के अधिकांश जनसमुदाय में बोलचाल का माध्यम होना, राजनीतिक व्यवहार-क्षमता, शब्दावली की उपलब्धता ने ही विदेशियों को भी इस भाषा की ओर आकर्षित किया ।

विदेशी शासन-काल में

विदेशियों के आगमन के साथ-साथ इस आवश्यकता को और भी अधिक महसूस किया जाने लगा कि देश में आपसी विचार-विमर्श के लिए कोई सामान्य भाषा हो और यह भाषा उन शताब्दियों में भी परंपरा से हिंदी-हिंदुस्तानी ही हो सकती है । मिली-जुली शब्दावली भी विकसित हुई जिसका प्रमाण 'हाब्सन जाब्सन' कोश है । एडवर्डटेरी (1655 ई०) ने कहा था : "हिंदोस्तान देश की बोलचाल की भाषा अरबी-फ़ारसी जबानों से बहुत मिलती-जुलती है पर बोलने में ज्यादा सुखकर और आसान है । इसमें काफी रवानी है और थोड़े शब्दों में बहुत कुछ कहा जा सकता है । लोग हमारी ही तरह बायें से दायें को लिखते हैं ।" हिंदी का पहला

व्याकरण सन् 1698 में हालैंड-निवासी जान जीशुआ केटेलर ने 'हिंदुस्तानी भाषा' शीर्षक से डच भाषा में लिखा। केटेलर पहले सूरत में आया फिर आगरा भी रहा। गुजरात के सूबेदार से उसका मित्र भाव था। राजदूतावास (एम्बेसी) के कागजों में यह उल्लेख है कि केटेलर ने अमीर उल उमरा जुलफिकर खाँ से हिंदुस्तानी में ही बातें की थीं और उसके सहायक ने फारसी में बातचीत की। इसके बाद 'हिंदुस्तानी व्याकरण' (1745 ई०)—बेंजामिन शूल्ज तथा 'अल्फाबेतुम' ब्रम्ह्मनिकुम' (1771 ई०)—कैसियानो बेलिगत्ती, दो व्याकरण महत्त्वपूर्ण हैं।

हेनरी टामस कोलब्रुक (1765-1837), जो अगस्त 1782 में बंगाल सर्विस में आ गये थे (आगे चलकर संस्कृत के प्रसिद्ध विद्वान हुए), ने अपने विचार व्यक्त करते हुए लिखा था : "जिस भाषा का व्यवहार भारत के प्रत्येक प्रांत के लोग करते हैं, जो पढ़े-लिखे तथा अनपढ़ दोनों की साधारण बोलचाल की भाषा है, और जिसको प्रत्येक गाँव में थोड़े-बहुत लोग अवश्य समझ लेते हैं, उसी का यथार्थ नाम हिंदी है।" इसी समय सर विलियम जोन्स ने संस्कृत के प्रति रुचि दिखाकी और एशियाटिक सोसायटी की कलकत्ते में स्थापना की। मुद्रा तथा चपरास में हिंदी (नागरी) का अनिवार्य प्रयोग सन् 1793 से प्रारंभ हो गया। इसी समय मुद्रण के लिए टाइप के जनक कैरी (1796) ने कहा कि "संभवत: संस्कृत की शाखा-प्रशाखा से विकसित हिंदी विस्तृत भूभाग में फैली हुई है। राजमहल से दिल्ली तक आम भाषा है और इसके भी आगे शायद पूरे हिंदोस्तान में इसके माध्यम से मैं समझा जा सकता हूँ।" यह वही वर्ष है जब गिलक्राइस्ट ने अपनी व्याकरण लिखी जिसके पहले वह 'हिंदोस्तानी-इंग्लिश डिक्शनरी' (1787-91) दो खंडों में दे चुके थे। 1798 में उन्होंने हिंदुस्तानी भाषा की भूमिका के रूप में 'ओरियंटल लिंग्विस्ट' प्रस्तुत की और ओरियंटल सेमीनरी की स्थापना की जिसमें फरवरी, 1799 से हिंदुस्तानी भाषा का अध्ययन कराया जाने लगा। दिनांक 21-12-1798 के आदेश द्वारा हिंदुस्तानी का ज्ञान आवश्यक कर दिया गया।

फ़ोर्ट विलियम कॉलेज की भूमिका

दिनांक 4 मई, 1800 ई० को मार्किस वेलेज़ली द्वारा स्थापित फ़ोर्ट विलियम कॉलेज का, हिंदी के स्वरूप को विकसित करने में, महत्त्वपूर्ण स्थान रहा है। जॉन गिलक्राइस्ट की नियुक्ति दिनांक 1-11-1800 को हुई और वह जनवरी, सन् 1804 तक ही रहे, पर तत्कालीन परिस्थितियों में उनका योगदान ऐतिहासिक कहा जायेगा और जबकि उन्होंने एक सर्वमान्य भाषा के रूप में विस्तृत भूभाग में बोली जाने वाली भाषा को 'खड़ी बोली' नाम से अभिहित किया। मेरी राय में स्टैंडर्ड हिंदी के लिए यह नाम दिया गया। कंपनी प्रशासन सरकार की कामकाज की भाषा के प्रति सचेत था। कॉलेज में नियुक्त लल्लूजी लाल तथा सदल मिश्र

से खड़ी बोली हिंदी में पुस्तकें तैयार करवायीं। गिलक्राइस्ट ने हिंदी के प्रारंभिक स्वरूप को किस प्रकार संवर्द्धित किया, यह अपने में विस्तृत विषय है। यहाँ तो इतना ही कहना पर्याप्त होगा कि इसके फलस्वरूप ठीक एक वर्ष बाद ही यह घोषणा कर दी गयी कि "सन् 1801 के प्रारंभ से ऐसा कोई भी सिविल सर्वेंट किसी विश्वास तथा उत्तरदायित्व के पद पर नियुक्त नहीं किया जायेगा जब तक यह निश्चय न कर लिया जाये कि उसे गवर्नर जनरल द्वारा बनाये गये कानूनों-नियमों तथा उन भाषाओं का ज्ञान है जो उसके पद से संबंधित कार्यकलाप के लिए आवश्यक है।" गिलक्राइस्ट की सेवाओं के महत्त्व पर श्री एच० एच० विल्सन ने लिखा : "बड़े श्रम और सूझ से गिलक्राइस्ट ने प्रयोगों के नियम निकाले और एक स्टैंडर्ड स्थापित किया जिससे अपील का अवसर ही नहीं आया और जो न केवल उस भाषा को सीखने वरन् उसकी रक्षार्थ आवश्यक था। × × × अस्थिर तथा लचकीली बोली की स्थिति से उठाकर नियमित स्थिरता और एक-रूपता दी।" कॉलेज की स्थापना के वर्ष में ही कंपनी के 2 सितंबर 1800 ई० के डिस्पैच में हिंदी-हिंदुस्तानी के संदर्भ में गिलक्राइस्ट की सेवाओं की भूरि-भूरि प्रशंसा की गयी कि किस प्रकार उन्होंने जूनियर सर्वेंट्स के लिए हिंदुस्तानी के ठीक-ठीक और विस्तृत ज्ञान की आधारशिला रखी। आज की तरह उस समय भी नौकरशाही ने उनके कार्य में पर्याप्त बाधा पहुँचायी जिससे क्षुब्ध होकर उन्होंने दिनांक 20-1-1802 को लिखा कि "बाधाओं से मेरा काम महीनों पीछे हो गया। योजनाओं के प्रसार में बाधा पड़ी।" फलतः 1804 में उन्होंने त्यागपत्र दे दिया। बाद में इंग्लैंड पहुँचकर भी वह हिंदुस्तानी की सेवा मृत्युपर्यंत करते रहे।

बाद में इसी पद पर कैप्टन माउंट (6-1-1806 से 20-2-1808), कैप्टन विलियम टेलर (22-2-1808 से 1823) तथा विलियम प्राइस (23-5-1823 से दिसंबर 1831) रहे। इंग्लैंड में भी हेलीबरी में 12-5-1806 को कॉलेज की स्थापना की गयी जिसका उद्देश्य था कि आधार इंग्लैंड में तैयार किया जाये और शेष पढ़ाई भारत में। इस कॉलेज में भी सन् 1806 तक गिलक्राइस्ट रहे। ये दोनों कॉलेज क्रमशः 1854 तथा 1857 तक रहे।

कॉलेज के अन्य व्यक्तियों में लल्लूजी लाल तथा सदल मिश्र के अतिरिक्त विलियम प्राइस (1780-1830) का योगदान महत्त्वपूर्ण है। कृतियों में हिंदोस्तानी की व्याकरण (लंदन, 1823), हिंदोस्तानी की नयी व्याकरण (लंदन, 1828) तथा हिंदी व हिंदुस्तानी सिलेकशंज़ महत्त्वपूर्ण हैं। स्कूल के ईस्टविक महोदय ने (1814-1883) हिंदुस्तानी का व्याकरण लिखा।

फ़ोर्ट विलियम कॉलेज से इतर

उन्नीसवीं शताब्दी के प्रारंभ में फ़ोर्ट विलियम कॉलेज में एकदम अनायास हिंदी-हिंदुस्तानी के प्रति राग पैदा नहीं हो गया। उस समय का वातावरण क्या था और हिंदी का कितना अधिक महत्त्व था। आर्नो (Dr. Sandford Arnot) की 'हिंदुस्तानी व्याकरण' में विलियम बटरवर्थ बेली (1802) का उद्धारण दिया गया है :

> "It is moreover the general medium by which persons communicate their wants and ideas to each other. Of the truth indeed we ourselves are an evidence, as are the Portuguese, Dutch, French, Danes, Arabs, Turks, Greeks, Armenians, Georgians, Persians, Moguls and Chinese."

इस पर टिप्पणी करते हुए डॉ० रामविलास शर्मा ने हिंदी भाषा की विकास-परंपरा में विचार व्यक्त किया है :

> "आगरा जैसे व्यापार केंद्रों में किसी समय विदेशी व्यापार राजदूत आदि न केवल यहाँ की जनता से विचारों का आदान-प्रदान करने के लिए वरन् आपस में अंतर्राष्ट्रीय संपर्क भाषा के रूप में हिंदी या हिंदुस्तानी का व्यवहार करते थे। × × × उस समय अंग्रेजी विश्वभाषा न बनी थी। पुर्तगाल, हालैंड, यूनान, फ्रांस, डेनमार्क आदि अन्य देशों की तरह ब्रिटेन के व्यापारी भी यहाँ माल खरीदकर यहाँ बेचने के उद्देश्य से भारत आये थे। अरबी-तुर्कों, चीनियों की तरह वे भी यहाँ की भाषा का व्यवहार करते थे। एशिया और यूरोप की इन जातियों की संपर्क भाषा कम-से-कम आगरा जैसे शहरों में हिंदी या हिंदुस्तानी थी।"

विलियम बटरवर्थ बेली (1782-1860) सिविल सर्विस के बड़े प्रतिभासंपन्न अधिकारी थे जिन्होंने सन् 1799 में सेवा में प्रवेश किया और सन् 1800 ई० में हिंदुस्तानी की परीक्षा में द्वितीय स्थान प्राप्त किया। 1802 में हुई प्रथम वाद-विवाद प्रतियोगिता में हिंदी में प्रथम 1500 नकद तथा मैडल प्राप्त किया। बंगला में भी प्रथम। थीसिस का विषय था 'हिंदूस्थान में काररवाई के लिए हिंदी जबान और जबानों से जीआदः दरकार है।' (पृ० 209-220) लोवेंट और लायड विरोध में बोले। बाद में सुप्रीम कौंसिल के सदस्य रहे और विलियम बैंटिक से पूर्व कुछ समय गवर्नर जनरल भी रहे।

उस समय व्यापारिक, सैनिक और राजनैतिक सभी क्षेत्रों के सारे कामकाज की भाषा यही थी :

"How universally are commercial and military concern, and

even political correspondence of the highest consequence, connected with it that carried on in it. × × × that language is the most proper and necessary for conducting the affairs of civil government and commences of military as well as judicial cases."

विनियमों के हिंदुस्तानी अनुवाद की व्यवस्था सन् 1803 से कर दी गई (every regulation with the original notes shall be translated in the Hindustanee)।

आर्नो ने इस व्याकरण के अतिरिक्त 'आन द ओरिजिन ऑफ़ स्ट्रक्चर ऑफ़ द हिंदुस्तानी टंग एंड जनरल लैंग्वेज' (लंदन, 1828) तथा 'ए न्यू सेल्फ़ इंस्ट्रक्टिग ग्रामर ऑफ़ द हिंदुस्तानी टंग' (1831) लिखी। आर्नो के ही काम को डंकन फ़ोर्ब्स (1798-1868) ने आगे चलकर आगे बढ़ाया।

"A Grammar of the Hindustani Tongue by Sandford Arnot to which is added A Selection of Easy Extracts for Reading by Duncan Forbes." (London, 1844)

फ़ोर्ब्स ने एक 'हिंदी मैनुअल' दो भागों में लंदन से सन् 1845 में तथा एक कोश हिंदी-अंग्रेजी तथा अंग्रेजी-हिंदी दो खंडों में सन् 1848 में प्रकाशित किया। बाद में किंग्स कॉलेज में प्राच्य भाषाओं के प्रोफ़ेसर हुए। बटरवर्थ बेली जैसे अधिकारी अकेले नहीं थे, वरन् उसी समय के वरिष्ठ अधिकारी विद्रोही प्रवृत्ति के फ़ेडरिक जानशोर (1799-1837) भी थे, जिन्होंने हिंदुस्तानी के पक्ष में ही नहीं, अंग्रेजी के विपक्ष में अकाट्य तर्क प्रस्तुत किये। उन्होंने बड़े विस्तार से अपने विचार प्रस्तुत किये हैं। इस संबंध में उनकी पुस्तक 'नोट्स ऑन इंडियन एफ़ेयर्स' (1837) पठनीय है। जेम्स रोबर्ट बैलन्टाइन ने व्याकरणिक अभ्यासों की पुस्तक सन् 1838 में बनायी और पहली बार हिंदी के साथ ब्रज तथा दकनी (लंदन, 1842) को जोड़ा।

उन्नीसवीं शताब्दी के पहले दशक में दिल्ली के रेजीडेंट सी० टी० मेटकाफ़ ने अपने दिनांक 29-8-1806 के पत्र में लिखा : "भारत के जिस भाग में मुझे काम करना पड़ा है, मुझे हर जगह ऐसे लोग मिले हैं जो हिंदुस्तानी बोल सकते हैं। हिंदुस्तानी एक ऐसी जबान है, जो आम तौर पर उपयोगी साबित होती है और मेरी समझ में संसार की किसी भी भाषा से उसका व्यवहार बहुत बड़े पैमाने पर होता है।" लगभग ऐसे ही विचार मद्रास के लेफ्टीनेंट टामस रोबक (1781-1819) ने रखे थे : "हिंदुस्तानी सामान्य जनता की बोलचाल की भाषा तथा भारत की महान् लोकप्रिय भाषा है।" रोबक ने ही कम्पलीट कमांड ऑफ़ हिंदुस्तानी—हिंदुस्तानी-अंग्रेजी नेवल डिक्शनरी, 1811 बनायी थी जो बाद में

'लश्करी डिक्शनरी' शीर्षक से सन् 1882 में प्रकाशित हुई। आपने ही सर्वप्रथम मुहावरे तथा कहावतों का संग्रह सन् 1824 में कलकत्ते से प्रकाशित किया। एच० एच० विलसन (1786-1860) ने प्रशासनिक शब्दावली को 'ग्लोसरी ऑफ़ जुडीशियल एंड रेवन्यू टर्म्स' (लंदन, 1855) शीर्षक से सर्वप्रथम प्रस्तुत किया।

वस्तुत: प्रथम चार दशकों में सिविल सर्विस के अधिकारियों में जो हिंदी-हिंदुस्तानी की लहर बढ़ रही थी, उसको कठोरता से रोकने के लिए ही मैंकोले ने सन् 1835 में सुप्रसिद्ध 'मिनट' प्रस्तुत किया।

मैंकोले और उसके पीछे पूरी ब्रिटिश सरकार के प्रयत्नों के बावजूद सन 1951 तक भारत में अंग्रेजी का प्रतिशत मात्र 'एक' रहा। हो सकता है, मैंकोले के मानस पुत्रों और उसके पीछे लगी ताकतों से यह अब कुछ बढ़ गया हो। पर दूसरी ओर हिंदी के महत्त्व और उसकी गति को कोई शक्ति रोक नहीं सकी। स्वयं अंग्रेजों के विरुद्ध अंग्रेज ही लड़ते रहे। इसमें सर्वाधिक शीर्ष पर नाम है: **फ्रेडरिक पिन्काट**। ब्रिटिश सरकार से उनकी यह लड़ाई सन् 1868 ई० से प्रारंभ हो गयी थी जबकि उनकी अवस्था मात्र बत्तीस वर्ष की थी। सन् 1888 में श्रीधर पाठक को लिखे पत्र में उन्होंने स्पष्ट रूप से लिखा था कि :

> "बीस साल पहले मैं एकमात्र योरोपियन था, जिसने सरकार पर हिंदी के बारे में दबाव डाला और दस साल बाद इस नियम के बनवाने में सफल रहा कि भारत जाने वाले अंग्रेजों को **हिंदी की परीक्षा पास करना अनिवार्य** किया जाये।"

आज इस **'अनिवार्य'** शब्द से सभी बिदकते हैं। हिंदी या मात्र किसी भारतीय भाषा को अनिवार्य रूप से उत्तीर्ण करने की व्यवस्था की गत वर्ष कितनी छीछा-लेदर हुई, यह किसी से छिपा नहीं। पिन्काट जब इस लड़ाई को लड़ रहे थे तो एक ओर श्रीमान ग्रिफ़िथ ने सन् 1878 की रिपोर्ट में यह बात खोलकर रख दी थी कि **'इस देश की भाषा हिंदी है,'** तो दूसरी ओर हिंदी का विश्लेषण-विवेचन कर **केलाग** ने सन् 1876 में 'हिंदी व्याकरण' प्रकाशित किया और उसमें इस घोषणा के साथ **'भारतीय आर्य भाषाओं में महत्त्व की दृष्टि से हिंदी का स्थान पहला है'** स्तरीय हिंदी के भविष्य की भी आपने कल्पना की : "यदि कोई भविष्य बताने का साहस करे तो वह यह भी कह सकता है कि भविष्य में उत्तर भारत की जो भाषा राजकाज या साहित्य की भाषा बनेगी, वह ऐसी भाषा होगी जो उर्दू की भाँति अरबी-फ़ारसी से कम प्रभावित होगी, साथ ही उसमें वर्तमान हिंदी की अपेक्षा संस्कृत तथा प्राकृत के शब्द भी कम रहेंगे।"

भाषा के जिस रूप की कल्पना की गयी है, उसी रूप को भारतेंदु ने अपनाया और **'नये चाल की हिंदी'** से अभिहित किया जिससे प्रभावित होकर पिन्काट ने

उन्हें लिखा : "यह सच बात है कि आपकी हिंदी और हिंदुस्थान सबसे मनोहर है, इसके बदले राजा शिवप्रसाद को अपना ही हित सबसे भारी बात है।" हिंदी का सार्वदेशिक रूप तो काफ़ी पहले से स्वीकृत किया जा चुका था। जान शेक्सपियर ने बहुत पहले लिखा था : "जो साधारणतया हिंदुस्तान खास या दकन में, दिल्ली, आगरा, हैदराबाद या कर्नाटक में प्रचलित है, मूलतया एक है, फिर भी देश के विस्तार के कारण बोलियों में अनेक अंशों में भेद हुए बिना नहीं रह सकता।"

ऐसी स्थिति में अंग्रेजी सरकार के सामने इसके अतिरिक्त कोई अन्य रास्ता नहीं था कि भारत में प्रशासन में आने वाले सिविल सर्विस के उच्च अधिकारियों के लिए हिंदी तथा अन्य भारतीय भाषा का ज्ञान होना अनिवार्य कर दिया। इस संबंध में इंडिया ऑफ़िस, लंदन से सं० 975-81 जे० पी० दिनांक 12-8-1881 को आदेश सेक्रेटरी, सिविल सर्विस कमीशन को भेजा जिसमें काफी विस्तार से इस पर विवेचन किया गया और अंत में इन प्रस्तावों को इस प्रकार प्रस्तुत किया गया (इन मूलपत्रों की प्रतिलिपि के लिए लेखक राष्ट्रीय अभिलेखागार के निदेशक के प्रति आभारी है) :

प्रेसीडेंसी या गवर्नमेंट	अभ्यर्थों के लिए अनिवार्य भाषा	वैकल्पिक भाषाएँ, पर यदि ली जाएँ तो इनाम तथा मार्क्स से प्रोत्साहित किया जाये
बंगाल का दक्षिणी प्रांत	बंगाली	हिंदुस्तानी तथा कोई एक प्राचीन भाषा
उत्तर-पश्चिमी प्रांत, अवध तथा पंजाब	हिंदी	हिंदुस्तानी तथा कोई एक प्राचीन भाषा
मद्रास	तमिल	तेलुगु तथा कोई एक प्राचीन भाषा
बंबई	मराठी	हिंदुस्तानी तथा कोई एक प्राचीन भाषा
बर्मा	बर्मी	हिंदुस्तानी तथा कोई एक प्राचीन भाषा

इसके साथ ही यह व्यवस्था भी की गयी कि मद्रास जाने वाले अधिकारियों के लिए हिंदुस्तानी के लिए विशेष पुरस्कार दिया जाये। जैसाकि ऊपर के विवरण से स्पष्ट है, सन् 1881 का वर्ष प्रशासन में हिंदी तथा भारतीय भाषाओं के लिए चिरस्मरणीय माना जाना चाहिए।

आगे चलकर इसी आदेश का स्पष्टीकरण करते हुए 26 जनवरी, 1882 को सिविल सर्विस कमीशन के नाम भेजे गये पत्र में पुनः जोर दिया गया कि मद्रास जाने वाले अभ्यर्थियों की फाइनल परीक्षा में हिंदुस्तानी के लिए विशेष पुरस्कार की व्यवस्था की जाये। इसी आदेश में यह भी स्वीकार किया गया कि हिंदुस्तानी, जो एक प्रकार से समस्त भारत की सार्वदेशिक भाषा है, राजनैतिक

दृष्टि से, विशेषतः बंबई में, इतनी महत्त्वपूर्ण है कि उसे कतई छोड़ा नहीं जा सकता। इसी पत्र के अंत में पुनः जोर देकर दुहराया गया कि मद्रास में हिंदुस्तानी के विशेष पुरस्कार की व्यवस्था की जाये यद्यपि यह वहाँ की वर्नाक्यूलर नहीं है और उसी प्रकार बंबई प्रांत में गुजराती के लिए पुरस्कार दिया जाये। हिंदी तथा भारतीय भाषाओं के संदर्भ में यह आदेश कितना अधिक महत्त्वपूर्ण रहा होगा इसकी ओर ध्यान देकर हमें यह भी देखना चाहिए कि इस बीच हम कितने आगे बढ़े। परीक्षा पास करना, पुरस्कार-इनामों की व्यवस्था तो आज से सौ वर्ष पूर्व ही कर दी गयी थी, आखिर हमने और क्या किया? ब्रिटिश सरकार ने एक शताब्दी पूर्व ही सन् 1881 में राजकाज की दृष्टि से हिंदी-हिंदुस्तानी तथा भारतीय भाषाओं का महत्त्व स्वीकार कर लिया था। आज तो अधुनातन पद्धतियाँ हिंदी के पठन-पाठन में अपनायी जा रही हैं, काफी छानबीन के बाद पाठ्यक्रम तैयार हो रहे हैं। हिंदी के पाठ्यक्रम के लिए अधिक समय अपेक्षित है। इस प्रकार की अनेक समस्याएँ आये दिन खड़ी होती हैं। इसी परिप्रेक्ष्य में यह स्वाभाविक है कि हमें यह भी ज्ञात हो कि आखिर एक शताब्दी पूर्व इन सिविल सर्विस के अधिकारियों को क्या-क्या पढ़ाया जाता था। इसका उत्तर फ्रेडरिक पिन्काट के उस 1 जनवरी, 1884 के पत्र में मिल जाता है जो उन्होंने तत्कालीन मूर्द्धन्य साहित्यकार भारतेंदु हरिश्चंद्र को लिखा था :

"वह सिविल सर्वेंट्स केवल चार पोथी पढ़ते हैं अर्थात् डॉक्टर हाल साहब का हिंदी रीडर, किल्लोग साहब का हिंदी व्याकरण, मेरा हिंदी मानुएल और मेरा शकुंतला। इन चार पोथियों को छोड़ कोई लोग और किसी ग्रंथ को नहीं पढ़ते।"

गिल क्राइस्ट द्वारा लिखित 'हिंदी मैनुअल या कास्केट ऑफ़ इंडिया' (कलकत्ता, 1802), डंकन फ़ोर्ब्स की 'हिंदी मैनुअल' (1845 ई०) की परंपरा में पिन्काट द्वारा संपादित मैनुअल की प्रति डॉ० पद्मधर पाठकजी के पास सुरक्षित है, जिसका विवरण उनके अनुसार इस प्रकार है : "आरंभ के कुछ पृष्ठ गायब हैं, वैसे पृ० 71 तक ग्रामर है, पृ० 72 से भी ग्रामर ही है, किंतु 'प्रोविंसिअल हिंदी' शीर्षक से; मुहावरेदार वाक्य पृ० 243 तक, फिर संख्यावाचक (पृ० 244-254 तक), अभ्यास (पृ० 258-290), वार्तालाप (पृ० 292-336), शब्दावली (पृ० 337-387)। अंग्रेजी जानने वालों को ध्यान में रखते हुए हिंदी और अंग्रेजी दोनों के ही शब्द आमने-सामने रख उनकी उच्चारण-प्रक्रिया बतलायी गयी है। लंदन से 1890 ई० में प्रकाशित है।" 1882 तथा 1883 के विभिन्न पत्रों में प्रकाशित सम्मतियाँ भी दूसरे संस्करण में प्रकाशित हैं।

'हिंदी मैनुअल' एक प्रकार से व्याकरण तथा पाठ्य-पुस्तक थी। इसका पूरा नाम था 'द हिंदी मैनुअल, कम्प्राइजिंग ए ग्रामर ऑव हिंदी लैंग्वेज विद लिटरेरी

एंड प्रोविंसिअल, कम्पलीट सिनटैक्स'। श्रीधर पाठक को लिखे गये सन् 1890 के पत्र में सूचित किया गया कि इसकी 500 प्रतियाँ बिक चुकी हैं। इसके अगले संस्करण में संशोधन किया गया और पिन्काट ने लिखा : "इस सप्ताह मैं आपको हिंदी मैनुअल के तृतीय संस्करण की एक प्रति भेजता हूँ, जिसमें आपके ऊजड़ गाँव के दो उद्धरण दिये गये हैं। इस देश की सिविल सर्विस के पाठ्यक्रम में मेरी पुस्तक लगी है, इस कारण भविष्य में भारत को जाने वाले प्रत्येक अधिकारी आपकी पुस्तक के इन दो उद्धरणों को देखेंगे।" इससे स्पष्ट होता है कि दस वर्ष से भी कम समय में इसके तीन संस्करण बिक गये।

विधिवत् हिंदी क्षेत्र में बिहार में हिंदी का प्रारंभ सन् 1875 में हो गया था, पर 1880 में कड़ा आदेश निकाला गया कि जनवरी, 1881 से प्रांत की अदालती भाषा एकमात्र नागरी लिपि में लिखित हिंदी होगी। म० प्र० में यही सन् 1881 तथा यू० पी० में सन् 1900 में जबकि मार्च, 1898 में मालवीयजी के नेतृत्व में शिष्टमंडल गवर्नर से मिला।

सन् 1882 में हंटर महोदय की अध्यक्षता में शिक्षा की समस्याओं पर विचार करने के लिए आयोग गठित किया गया। आयोग ने अपनी रिपोर्ट 1893 ई० में प्रस्तुत की। आयोग के समक्ष काफ़ी लोगों ने साक्ष्य दिये जिनमें हिंदी—जन-भाषाओं का महत्त्व प्रतिपादित किया गया। हंटर महोदय ने स्वयं 'प्रि-एमीनेंस ऑफ़ वर्नाक्यूलर्ज़' (लंदन, 1896) शीर्षक से पुस्तक प्रकाशित की। वैसे हंटर से जितनी आशा थी उसके अनुरूप फल नहीं निकला। 1901 की जनगणना की रिपोर्ट के प्रथम खंड में भारतीय संदर्भ में हिंदी के महत्त्व को प्रतिपादित करते हुए क्रस्ट महोदय ने लिखा : "हिंदी के पास ऐसा शब्दकोश और अभिव्यक्ति की ऐसी सामर्थ्य है, जो अंग्रेजी से किसी भी प्रकार कम नहीं।"

इस प्रकार यह देखा गया कि कंपनी सरकार तथा ब्रिटिश सरकार दोनों के समक्ष महत्त्वपूर्ण प्रश्न सरकार की कामकाज की भाषा से संबंधित हमेशा रहा। यहाँ तक कि मैकोले के 'मिनिट' के बाद भी थामसन ने अपनी रिपोर्ट (1843-44) में यह स्पष्ट आदेश दिया कि "इंग्लिश अफ़सरों के सिवाय जनता के साथ सभी कामकाज वर्नाक्यूलर भाषा में किया जाये।" आगे चलकर 'होम' विभाग के अंतर्गत एक तर्जुमा (अनुवाद) विभाग था। कंपनी प्रशासन ने पत्रों के विविध प्रकार—अर्जी, जमानतपत्र, शर्तनामा, कबूलनामा, सनद, दस्तक, अहदनामा, मुख्तारनामा, राजीनामा, याददाश्त, फ़ाइलनोट, कैफियत, दरखास्त, खसरा, फरद मिलते हैं। ब्रिटिश शासन की देन अर्द्ध शासकीय पत्र (डी० ओ०) है। कंपनी प्रशासन में प्रचलित जिन कतिपय हिंदी पत्रों तथा कचहरी के नमूने डॉ० रामबाबू शर्मा ने अपनी पुस्तक में उद्धृत किये हैं, वे हैं—मोहर, अर्जी, शर्तनामा, कबूलनामा, सनद, परवाना, इकरारनामा, इजहार, वजिबउल अर्ज (वह ऐसा

सरकारी पत्र था जिसमें प्रार्थी के प्रश्नों के साथ-साथ उनका उत्तर भी सरकार की ओर से सामने अंकित कर दिया जाता था), अहदनामा, हुकमनामा (आदेश-पत्र)। जिला स्तर पर स्थानीय प्रशासन में भोजपुरी, अवधी, ब्रज, बुंदेलखंडी, मगही, राजस्थानी आदि जनभाषाओं का प्रचलन था। अंतर्राष्ट्रीय क्षेत्र में भी हिंदी का प्रचलन था। नेपाल के साथ पत्र-व्यवहार हिंदी में ही होता था। देशी रियासतों के साथ पत्र-व्यवहार में भी देशी भाषाएँ प्रयोग में आती थीं।

हिंदी के प्रचलन के लिए गैर-सरकारी प्रयत्न

कांग्रेस की स्थापना से पूर्व ही बंगाल, महाराष्ट्र, गुजरात तथा पंजाब के राष्ट्रीय नेताओं द्वारा हिंदी का प्रचार-प्रसार उसी प्रकार व्यापक रूप से किया, जिस प्रकार मध्यकाल में सूफ़ी, संतों, फ़कीर तथा भक्तों ने किया था। सर्वप्रथम विद्यासागर ने और फिर बाद में 1857 ई० में केशवचंद्र सेन ने अपने समाचार-पत्र में 'हिंदी ही अखिल भारत की जातीय भाषा या राष्ट्रभाषा बनाने के योग्य है'—इस विषय पर निबंध लिखा। 1882 में राजनारायण बोस ने और 1886 में भूदेव मुकर्जी ने भारत को एक जातीयता के सूत्र में बाँधने के लिए हिंदी की उपयोगिता के विषय पर विचार-समुज्ज्वल वकालत की। (विशाल भारत, मार्च 1950)। राजा राममोहन राय ने कलकत्ते से 'बंगदूत' सन् 1826 में हिंदी-अंग्रेजी तथा बंगला में निकाला। दयानंद ने बाबू केशवचंद्र सेन के कहने पर ही आर्य भाषा में लिखना तथा व्याख्यान देना शुरू किया। नवीनचंद्र राय ने सन् 1868 में 'ज्ञान प्रदायिनी' के माध्यम से हिंदी का प्रचार पंजाब में किया। इस प्रकार धार्मिक, सामाजिक तथा राजनैतिक आंदोलन की ये भाषा हिंदी शताब्दियों से चली आ रही थी। उसका विकास पत्रकारिता के क्षेत्र में भी हुआ। सन् 1824 में कलकत्ते से उदंत मार्तंड' प्रकाशित हुआ। राजा रामपालसिंह ने सन् 1883 में लंदन से 'हिंदुस्तान' नामक पत्र निकाला। बंकिमचंद ने सन् 1884 में हिंदी का समर्थन किया। महाराष्ट्र में तिलक ने मराठी के साथ 'हिंदी केसरी' निकाला। माधवराव सप्रे ने घोषणा की: "हिंदी अवश्य राष्ट्रभाषा बनायी जाये। भारतवर्ष की कोई दूसरी भाषा राष्ट्रभाषा बनने का दावा नहीं कर सकती।" 'वंदे मातरम्' समाचार-पत्र के 1905 के एक अग्रलेख में संपादक अरविंद घोष ने हिंदी को राष्ट्रभाषा बनाने की वकालत की। उसके आधार पर ही रमेशचंद्र दत्त की अध्यक्षता में काशी नागरी प्रचारिणी सभा के अधिवेशन (1905) में तिलक ने समग्र भारत के लिए एक भाषा मान लेने को राष्ट्रीय आंदोलन की संज्ञा दी। जस्टिस शारदाचरण मित्र ने 1905 में एक लिपि विस्तार परिषद् की स्थापना की। महर्षि अरविंद, रवींद्रनाथ टैगोर तथा सुप्रसिद्ध भाषाविद् डॉ० सुनीति-

कुमार चाटुर्ज्या ने हिंदी का पर्याप्त समर्थन किया। श्रद्धानंद प्रारंभ से ही हिंदी के समर्थक थे।

राष्ट्रीय मंच पर आने से पहले ही सर्वप्रथम महात्मा गांधी ने इस ओर ध्यान दिया। इंडियन ओपीनियन में आपने सन् 1906 में लिखा : "यह संभव नहीं कि अंग्रेजी के जरिये भारत एक राष्ट्र बन जाये। यह (हिंदी) भाषा उत्तर भारत में सब लोग बोलते हैं। इसकी माता संस्कृत और फारसी होने के कारण यह हिंदू और मुसलमान दोनों को अनुकूल पड़ सकती है। इसके सिवा चूँकि फकीर और संन्यासी यही भाषा बोलते हैं, इसलिए इसका प्रचार सब जगह होता है। अनेक अंग्रेज भी इसे सीखते हैं।" सन् 1915 में भारत आते ही उन्होंने हिंदी के लिए बाकायदा आंदोलन चलाया। समय-समय पर आप हिंदी पक्ष लेते रहे; जैसे नागरी प्रचारिणी सभा, काशी (1916), हिंदी साहित्य सम्मेलन, इंदौर (1918) आदि। द्वितीय गुजरात शिक्षा सम्मेलन, भड़ौंच (1917) के अध्यक्ष-पद से भाषण देते हुए आपने ऐसी भाषा के पाँच आवश्यक गुण बताये :

1. वह भाषा सरकारी नौकरों के लिए आसान होनी चाहिए।
2. उस भाषा के द्वारा भारत का आपसी धार्मिक, आर्थिक और राजनैतिक कामकाज शक्य होना चाहिए।
3. उस भाषा को भारत के ज्यादातर लोग बोलते हों।
4. वह भाषा राष्ट्र के लिए आसान होनी चाहिए।
5. उस भाषा का विचार करते समय क्षणिक या अस्थायी स्थिति पर जोर न दिया जाये।

यह भी कहा कि अंग्रेजी भाषा में इनमें से एक भी लक्षण नहीं है। यह माने बिना काम नहीं चल सकता कि हिंदी भाषा में ये सारे गुण मौजूद हैं। उन्हीं के प्रयत्न से सन् 1918 में मद्रास में 'दक्षिण भारत हिंदी प्रचार सभा' की स्थापना हुई।

कांग्रेस संस्था की कार्यवाही हिंदी में चले, इसके लिए वह तीसरे दशक से प्रयत्न करते रहे। कांग्रेस के विधान में भी इसका उल्लेख बहुत पहले करवा दिया था कि 'हिंदुस्तानी' में ही काम हो। गांधीजी के अनुरोध के फलस्वरूप कांग्रेस के कानपुर अधिबेशन में **सन् 1925 में** यह प्रस्ताव पास हुआ कि "कांग्रेस की महा-सभा प्रस्ताव पास करती है कि कांग्रेस अखिल भारतीय कांग्रेस कमेटी और वर्किंग कमेटी की कार्रवाई आम तौर पर हिंदुस्तानी में चलेगी।" इससे पहले कोकोनाडा के 1923 के अधिवेशन में भी इस तरह का विचार प्रकट किया गया। कौंसिल ऑफ़ स्टेट्स में सेठ गोविंद दास ने (दिनांक 16-3-1927) इस बात को उठाया कि हिंदी में भी भाषण दे सकते हैं।

स्वतंत्र भारत का संविधान बनाने के लिए सभी दलों (मुस्लिम, हिंदू महासभा,

नानब्राह्मण, सिक्ख, लिबरल तथा लेबर) को 1928 में जो कान्फ्रेंस हुई उसने पं० मोतीलाल नेहरू की अध्यक्षता में 'नेहरू रिपोर्ट' प्रस्तुत की, उसमें हिंदुस्तानी को सर्वमान्य भाषा घोषित किया गया (रिपोर्ट, पृ० 165-166) । यहाँ यह उल्लेखनीय है कि पं० जवाहरलाल नेहरू कांग्रेस के जनरल सेक्रेटरी और सुभाषचंद्र बोस का सक्रिय सहयोग इस कमेटी को मिला था ।

इसी वर्ष (1928) दक्षिण भारत में चक्रवर्ती राजगोपालाचारी ने तमिल भाषा-भाषियों से हिंदी पढ़ने की वकालत करते हुए कहा : "उत्तरी और केंद्रीय भारत की मुख्य भाषाओं में एक ऐसा सामान्य तत्त्व है जो इन भाषाओं के बोलने वालों को बिना उनकी अपनी भाषाओं में विशेष परिवर्तन के ही एक-दूसरे को समझ सकने में सहायता प्रदान करता है और यह सामान्य आधार ही भारत के अधिकतर भाग को जनभाषा बनाने में सहायक है । × × × केंद्रीय सरकार और विधानसभाओं और प्रांतीय सरकारों की भारत सरकार से व्यवहार की भाषा हिंदी ही होनी अनिवार्य होगी । राजनीतिक कारणों से कम महत्त्वपूर्ण नहीं, ऐसी भारत की सांस्कृतिक एकता की माँग भी सामान्य रूप से बोली जाने वाली भाषा का ज्ञान है । यदि बृहद् भारत में प्रतिदिन का संपर्क नहीं बनाये रखा गया, तो दक्षिण प्रदेश उस सांस्कृतिक वृक्ष की निर्जीव शाखा मात्र रह जायेगा ।"

सन् 1929 में 'हिंदी प्रचारक' में लिखा 'हिंदी भावी भारत की राजभाषा है, हमें अभी से उसे जरूर सीख लेना चाहिए ।' यही 'हिंदू' में भी प्रकाशित हुआ । इसमें ऐन्ड्रयूज तथा एनीबीसेंट ने भी पूरा-पूरा योगदान दिया ।

पं० जवाहरलाल नेहरू ने भी हिंदी को प्रारंभ से ही अपनाया और सन् 1937 में प्रांतीय सरकार बनने पर कहा : "हर प्रांत की सरकारी भाषा राज्य के कामकाज के लिए उस प्रांत की भाषा होनी चाहिए । परन्तु हर जगह अखिल भारतीय भाषा के नाते 'हिंदुस्तानी' को सरकारी तौर पर माना जाना चाहिए × × × अखिल भारतीय भाषा कोई हो सकती है तो वह सिर्फ़ हिंदी या हिंदुस्तानी कुछ भी कह लीजिए—ही हो सकती है ।" (राष्ट्रभाषा का सवाल, पृ० 23 तथा 33)

मेरा विश्वास है कि लगभग दूसरी हर चीज़ की बनिस्बत भाषा किसी राष्ट्र के चरित्र की ज्यादा बड़ी कसौटी है । अगर भाषा शक्तिशाली और जोरदार होती है, तो उसके इस्तेमाल करने वाले लोग भी वैसे ही होते हैं; अगर वह छिछली, लच्छेदार और पेचीदा है, तो उसे बोलनेवाली प्रजा में वही लक्षण देखने को मिलेंगे ।

गांधीजी के नेतृत्व में भारत स्वतंत्र हुआ और बागडोर प्रधानमंत्री के रूप में पं० जवाहरलाल नेहरू के हाथों में आयी ।

अध्याय 2

संविधान में राजभाषा तथा राष्ट्रपति के विभिन्न आदेश

संविधान में राजभाषा

सन् 1946 में संविधान सभा बनी जिसमें मुख्यत: राष्ट्रीय कांग्रेस के सदस्य थे, साथ ही मुस्लिम लीग तथा अन्य स्वतंत्र आदि । संविधान सभा की पहली बैठक दिनांक 9-12-1946 को हुई और दिनांक 11-12-1946 को बाबू राजेन्द्र प्रसाद इसके अध्यक्ष चुने गये । इस बीच 15-8-47 को भारत को स्वतंत्रता प्राप्त हुई और पाकिस्तान बन जाने के कारण मुस्लिम लीग के सदस्य भी नहीं रहे । संविधान सभा की नियम समिति ने पहले ही डॉ० राजेन्द्र प्रसाद की अध्यक्षता में यह निर्णय 1946 में ही लिया था कि सभा की कामकाज की भाषा हिंदुस्तानी या अंग्रेजी होगी, पर कोई भी सदस्य अध्यक्ष की अनुमति से सदन में अपनी मातृ-भाषा में भाषण दे सकेगा । दिनांक 14 जुलाई, 1947 को संविधान सभा के चौथे सत्र के दूसरे दिन ही यह संशोधन प्रस्तुत किया गया कि 'हिंदुस्तानी' के स्थान पर 'हिंदी' शब्द रखा जाये । संविधान सभा कांग्रेस पार्टी में इस विषय पर विचार-विमर्श प्रारंभ हुआ । मतदान में हिंदी के पक्ष में 63 वोट थे और हिंदुस्तानी के पक्ष में 32 और इसी प्रकार देवनागरी के संदर्भ में हुए मतदान में पक्ष में 63 तथा विपक्ष में 18 वोट ।

फरवरी 1948 में 'संविधान' का जो प्रारूप प्रस्तुत किया उसमें राजभाषा विधेयक कोई धारा नहीं थी । मात्र इतना उल्लेख था कि संसद की भाषा अंग्रेजी या हिंदी होगी । सन् 1948 में प्रारूप में हिंदी के संबंध में अनेक पक्ष-विपक्ष में मत प्राप्त होते रहे । पं० नेहरू ने 'एक अखिल भारतीय भाषा' की आवश्यकता पर बल दिया और यह भी स्पष्ट किया कि 'स्वतंत्र देश को अपनी ही भाषा में राजकाज चलाना चाहिए । यह भाषा अंततः जनता के मध्य से ही विकसित होगी ।' (कान्स्टीट्यूएंट एसेम्बली डिबेट्स—दिनांक 8-11-1948) । 10 नवंबर, 1948 को स्टीयरिंग कमेटी में यह भी निश्चय किया गया कि साथ-ही-साथ

संविधान हिंदी में भी तैयार होना चाहिए। इस विषय पर मुख्य बहस अगस्त से सितंबर, 1949 में हुई। अगस्त में ही कांग्रेस की वर्किंग कमेटी में भाषा पर काफ़ी चर्चा हुई जिसमें द्विभाषिक स्थिति पर प्रस्ताव पास किये और यह भी स्पष्ट किया गया कि अखिल भारतीय कामकाज के लिए भी 'स्टेट लैंग्वेज' होनी चाहिए। इसी बीच 6-7 अगस्त को हिंदी साहित्य सम्मेलन के तत्त्वावधान में भी 'राष्ट्रीय भाषा सम्मेलन' का आयोजन किया गया जिसमें नागरी लिपि में लिखी हिंदी को एक मत से स्वीकार किया गया और यह भी अनुभव किया गया कि बीच की अवधि 10 वर्ष से अधिक न हो। आठ अगस्त को संशोधनों पर काफ़ी बहस हो चुकी थी और संविधान सभा में मत लेने पर 'हिंदी' के पक्ष में 82 तथा अंग्रेजी के चलते रहने को दस वर्ष की अवधि पर्याप्त रखी गयी, जबकि दूसरा पक्ष पंद्रह वर्ष की अवधि चाहता था। देवनागरी लिपि पर आम सहमति थी। मुख्य बहस का मुद्दा था कि हिंदी का स्वरूप क्या हो। ऐसी स्थिति में एक 'प्रारूप समिति' बना दी गयी जिसमें आयंगर, टी० टी० कृष्णमाचारी, अय्यर, मुंशी, अंबेडकर, सआदुल्ला तथा राव थे, साथ ही आजाद, पंत, टंडन, नवीन, श्यामाप्रसाद मुखर्जी तथा के० संतानम का भी सहयोग लिया गया। यह भी माना जाता है कि धनश्याम गुप्त, सत्यनारायण तथा श्रीमती अमृत कौर से भी सहायता ली गयी। आठ अगस्त को अनेक प्रस्ताव आये। एक प्रस्ताव पर 82 सदस्यों के हस्ताक्षर थे (अनेक दक्षिण भारत के भी थे) जिनमें पहला आचार्य जुगलकिशोर का था जो उस समय कांग्रेस के महामंत्री भी थे। इसकी प्रतिक्रियास्वरूप चवालीस सदस्यों (28 मद्रास तथा दक्षिण के थे जिनमें के० संतानम सर्वोपरि थे) ने एक प्रस्ताव प्रस्तुत किया जिसमें अरेबिक नम्बरों की व्यवस्था थी जिसको आगे बहस का मुख्य मुद्दा बना लिया गया। दस से सत्रह अगस्त तक तूफ़ानी बैठकें चलती रहीं। सोलह अगस्त को प्रारूप कमेटी ने अपनी रिपोर्ट प्रस्तुत की जिसमें दस वर्ष तक अंग्रेजी के चलते रहने की व्यवस्था थी जिसकी 2/3 के बहुमत से संसद में पाँच वर्ष के लिए व्यवस्था रखी गयी, साथ ही अंतर्राष्ट्रीय अंकों को मान्यता दी गयी। बाद में 22 अगस्त को अंबेडकर साहब ने नया फार्मूला रखा जिसमें (1) पंद्रह वर्ष की अवधि का प्रस्ताव था, जिसको बाद में भी संसद बढ़ा सकती थी (2) अंतर्राष्ट्रीय अंक (3) उच्च न्यायालयों में अंग्रेजी (4) प्रादेशिक भाषाओं की अनुसूची (5) भाषा आयोग आदि की मुख्य व्यवस्थाएं थीं।

छब्बीस अगस्त को कांग्रेस पार्टी में इस विषय पर काफ़ी बहस हुई, पर मुख्य मुद्दा अंतर्राष्ट्रीय अंकों को स्वीकार करने पर केंद्रित रहा। विषय पर हुए मतदान में समान मत पड़े अतएव पं० नेहरू ने कहा कि "फर्क बहुत ही कम है इसलिए उसके आधार पर पार्टी निर्णय नहीं ले सकती और यह बेहतर होगा कि हर सदस्य को अपनी राय देने के लिए छूट दी जाये।" (हिंदुस्तान टाइम्स, 27-8-1949)

इस सभा की अध्यक्षता पट्टाभि सीतारमैया कर रहे थे। उन्होंने अपना कोई मत व्यक्त नहीं किया। वस्तुतः इस दिन का विवाद ही है जिसने इतना बाद में तूल बाँधा। नागरी और अंतर्राष्ट्रीय अंकों पर विभिन्न सदस्यों का मत-विभाजन ही इतना अधिक चर्चित हुआ कि काफी गण्यमान्य व्यक्तियों ने इसको 'हिंदी' पर थोप दिया। इस मसले पर तीन बार मतदान हुआ, अंततः सभी अपने मत पर दृढ़ रहे, क्योंकि दिनांक 2-9-49 को हुए मतदान में भी यही स्थिति रही। इसी दिन सायं को 'फार्मूला', जो मुंशी आयंगर के नाम से जाना जाता है, पेश हुआ। सरदार पटेल उस दिन अस्वस्थ थे पर उनका समर्थन इसको प्राप्त था। इस फ़ार्मूले पर 65 संशोधन तो दिनांक 5 सितंबर तक ही आ गये। सर्वाधिक बहस अंकों पर हुई जिसमें भाग लेते हुए डॉ० श्यामाप्रसाद मुखर्जी को कहना पड़ा : "अंकों के मसले पर हम एक छोटा-मोटा युद्ध लड़ रहे हैं। यह ऐसा मामला नहीं है जिस पर बहुमत से निर्णय हो। अगर उनमें से कुछ लोग हिंदी अंकों के साथ-साथ अंतर्राष्ट्रीय अंकों को मान्यता और अखिल भारतीय प्रयोग के विरुद्ध भी हैं और सोचते हैं, यह न्यायसंगत और उचित नहीं है, फिर भी चूँकि उनके प्रांत की भाषा को भारत के सभी लोग स्वीकार कर रहे हैं, इसलिए उनके अंदर इतना राजनीतिक विवेक होना चाहिए कि वे उठ खड़े हों और कहें कि अपनी भावनाओं के बावजूद हम समझौते को स्वीकार करते हैं और संकल्प का अनुमोदन करते हैं।" (डिबेट्स, पृ० 1392-93) मौलाना आज़ाद ने भी समझाने का प्रयत्न किया कि "ये अंक असल में हिंदुस्तान की देन हैं। जो सदियों पहले हमने दुनिया को दिया था, उनको अपनाकर हम अपनी चीज वापस ले रहे हैं।" (वही, पृ० 1458)

मसौदा प्रस्तुत करते हुए यह कहा गया था कि "मसौदे के रचयिताओं के अनुसार हमारी मूल नीति यह होनी चाहिए कि संघ के कामकाज के लिए हिंदी देश की सामान्य भाषा हो और देवनागरी सामान्य लिपि हो। मूल नीति का यह भी एक मुद्दा है कि सभी संघीय प्रयोजनों के लिए वे अंक काम में लाये जायें, जिन्हें भारतीय अंकों का अंतर्राष्ट्रीय रूप कहा जाता है। (डिबेट्स, 1×/1319) पं० नेहरू ने भी हिंदी के स्वरूप को स्पष्ट करते हुए कहा था कि परित्यागमूलक (एक्सक्लूसिव). के बदले समावेशमूलक (इन्क्लूसिव) बनायें और उसमें भारत के सभी भाषायी तत्त्वों को शामिल करें जिनसे यह बनी है, कुछ उर्दू के छींटे हों, और हिंदुस्तानी भी हो।"

मुख्य बहस 12 से 14 सितंबर तक चली। दस सितंबर तक प्रस्तुत अनेक संशोधन 45 पृष्ठों में थे। संशोधनों की संख्या बढ़ते-बढ़ते चार सौ तक हो गयी। अंततः 14 सितंबर को ही आपस में दोनों पक्षों में राजीनामा हुआ। दोपहर एक बजे बैठक स्थगित हुई। तीन बजे संविधान सभाई पार्टी में समझौते के प्रयास

हुए। लगभग पाँच बजे के लगभग कुछ सहमति हुई, अतएव उन्होंने (मुंशीजी) आकर एक घंटे का समय और माँगा। छः बजे तक सभी पहलुओं पर विचार-विमर्श कर मुंशी आयंगर फार्मूले को कुछ सुधारकर स्वीकार कर लिया गया और आशा की गयी कि सभी 400 संशोधन वापस ले लिये जायेंगे। अंततः पाँच संशोधन नहीं लिये गये जिनमें तीन कांग्रेस (ब्रजेश्वरप्रसाद, सक्सेना तथा टंडन) तथा दो लीग के (अहमद तथा जेड० एच० लारी) थे। राजर्षि टंडन ने पार्टी से इस्तीफा देकर संशोधन प्रस्तुत किया (जो बाद में पार्टी के अनुरोध पर उन्होंने 16 सितंबर को वापस ले लिया)। इस प्रकार भारी तालियों की गड़गड़ाहट में मुंशी आयंगर फार्मूला स्वीकार कर हिंदी को राजभाषा के पद पर प्रतिष्ठित किया गया (डिबेट्स, 1312, 1320, 1489-91)। मुंशी आयंगर फार्मूले के नाम से विख्यात अनुच्छेद संविधान के भाग 17 में अनुच्छेद 343 से 351 तक हैं (परिशिष्ट में दिये जा रहे हैं) तथा साथ में संविधान के परिशिष्ट में अष्टम अनुसूची। इस अवसर पर संबिधान सभा के अध्यक्ष ने बड़े मार्मिक ढंग से घोषणा की : "आज पहली बार हम अपने संविधान में एक भाषा स्वीकार कर रहे हैं जो भारत संघ के प्रशासन की भाषा होगी और समय के अनुसार अपने-आपको ढालना और विकसित करना होगा। हमने अपने देश का राजनैतिक एकीकरण सम्पन्न किया है। राजभाषा हिंदी देश की एकता को कश्मीर से कन्याकुमारी तक अधिक सुदृढ़ बना सकेगी। अंग्रेजी की जगह भारतीय भाषा को स्थापित करने से हम निश्चय ही और भी एक-दूसरे के नजदीक आयेंगे।"

संविधान के इन अनुच्छेदों/परिशिष्ट में मात्र दो संशोधन बाद में हुए। एक संशोधन के अनुसार अनुच्छेद संख्या 350 के साथ 350 अ तथा 350 ब जोड़े गये, जिसमें भाषागत अल्पसंख्यकों की सुरक्षा की व्यवस्था की गयी है (सातवाँ संशोधन 1956) और दूसरे संशोधन के द्वारा अष्टम अनुसूची में 'सिंधी' भाषा को जोड़ दिया गया है जिससे अब यह संख्या 15 हो गयी है।

सरदार पटेल ने दिनांक 28-11-1949 को मगनभाई देसाई के नाम जो पत्र लिखा उसमें स्पष्ट रूप से कहा गया कि 'राष्ट्रभाषा (राजभाषा) का अंतिम निर्णय तो संविधान सभा ने कर लिया है। इसलिए अब तो उस निर्णय पर अमल करना सबका कर्त्तव्य हो जाता है। इससे पूर्व दिल्ली में हुए 'हिंदी सम्मेलन' को दिनांक 23-11-1949 को उन्होंने संदेश भेजते हुए अपने विचार इस प्रकार प्रकट किये : "हिंदी का पट महासागर की तरह ऐसा विस्तृत होना चाहिए कि जिसमें मिलकर भाषाएँ अपना बहुमूल्य भाग ले सकें। राष्ट्रभाषा न तो किसी प्रांत और न तो किसी जाति की है। वह सारे भारत की भाषा है और इसके लिए यह आवश्यक है कि सारे भारत के लोग उसे समझ सकें और अपनाने का गौरव

हासिल कर सकें।" उक्त परिप्रेक्ष्य में ही संविधान के अनुच्छेद 351 को लेना चाहिए।

भारतीय संविधान लागू होने पर हिंदी के प्रयोग के संबंध में राष्ट्रपति के आदेश

राष्ट्रपति का आदेश : 27 मई, 1952

राष्ट्रपति ने संविधान के अनुच्छेद 343 (2) के द्वारा दी गयी शक्तियों का प्रयोग करते हुए एक आदेश जारी किया जिसमें (i) राज्यों के राज्यपालों, (ii) उच्चतम न्यायालय के न्यायाधीशों, तथा (iii) उच्च न्यायालयों के न्यायाधीशों के नियुक्तियों के अधिपत्रों के लिए अंग्रेजी भाषा के अतिरिक्त, हिंदी और अंतर्राष्ट्रीय अंकों के अतिरिक्त देवनागरी के अंकों के प्रयोग को प्राधिकृत किया।

राष्ट्रपति का आदेश : 3 दिसंबर, 1955

राष्ट्रपति ने 'संविधान (सरकारी प्रयोजनों के लिए हिंदी भाषा) आदेश, 1955, नामक एक अन्य आदेश जारी किया जिसमें संघ के निम्नलिखित सरकारी प्रयोजनों के लिए अंग्रेजी भाषा के अतिरिक्त हिंदी के प्रयोग को प्राधिकृत किया गया—

(1) जनता के साथ पत्र-व्यवहार।

(2) प्रशासनिक रिपोर्टें, सरकारी पत्रिकाएँ और संसद में प्रस्तुत की जाने वाली रिपोर्टें।

(3) सरकारी संकल्प और विधायी अधिनियमितियाँ।

(4) जिन राज्य सरकारों ने हिंदी को अपनी राजभाषा के रूप में अपना लिया है, उनसे पत्र-व्यवहार।

(5) संधियाँ और करार।

(6) अन्य देशों की सरकारों और उनके दूतों और अंतर्राष्ट्रीय संगठनों के साथ पत्र-व्यवहार।

(7) राजनयिक और कौंसलीय पदाधिकारियों और अंतर्राष्ट्रीय संगठनों में भारतीय प्रतिनिधियों के नाम जारी किये जाने वाले औपचारिक दस्तावेज।

राजभाषा आयोग

राजभाषा आयोग के गठन का आदेश : दिनांक 7 जून, 1955

संविधान के अनुच्छेद 344 (1) के अनुसरण में सन् 1955 में राजभाषा आयोग की नियुक्ति की गयी। पहली बैठक 15-7-1955 को हुई। 930 व्यक्तियों की

गवाहियाँ ली गयीं। आयोग की 76 बैठकें हुईं। प्रतिवेदन 1956 में दिया गया। राजभाषा आयोग की सिफारिशों की जाँच करने के लिए संविधान के अनुच्छेद 344 के खंड (4) के अनुसार लोकसभा के 20 सदस्यों और राज्यसभा के 10 सदस्यों की एक समिति गठित की गयी। आयोग ने अपना प्रतिवेदन सन् 1957 में प्रस्तुत किया जिस पर संसदीय समिति ने 1957 से विचार किया। समिति की 26 बैठकें हुईं (संसदीय समिति की सिफारिशें परिशिष्ट में दी गयी हैं)। सन् 1960 में कोई आयोग गठित नहीं किया गया।

राजभाषा आयोग की रिपोर्ट के फलस्वरूप हिंदी के पक्ष तथा विपक्ष में जितना लिखा गया, संभवतः उतना किसी अन्य मामले पर नहीं। आयोग को 1094 लिखित उत्तर/ज्ञापन प्राप्त हुए। आयोग की रिपोर्ट में विसम्मतियाँ भी लगी हुई हैं। आयोग द्वारा की गयी 64 सिफ़ारिशों में 20 सिफ़ारिशें परिशिष्ट में दे दी गयी हैं। आयोग की रिपोर्ट तथा सिफ़ारिशों पर विचार करने के लिए दिनांक 3-9-1957 को गठित संसदीय समिति की प्रथम बैठक 16-11-1957 को हुई और अंतिम बैठक दिनांक 28-11-1958 को हुई। समिति ने अपनी रिपोर्ट दिनांक 8-2-1959 को प्रस्तुत की।

अंग्रेजी से हिंदी के परिवर्तन की प्रक्रिया कैसी हो, इस पर बड़े स्पष्ट विचार संसदीय समिति ने प्रस्तुत किये। भाषायी परिवर्तन एकसाथ करना असंभव था, यह एक चरणबद्ध प्रोग्राम के अनुसार ही किया जा सकता था और यही किया भी गया। "पहले चरण में; प्रारंभिक उपायों को पूरा करने पर जोर दिया गया, क्योंकि इससे संघ के सरकारी कामकाज में हिंदी का प्रयोग करने में सुविधा रहती।" (पृ० 13, पैरा 23)

समिति ने भाषायी परिवर्तन के सहज रूप की ओर पैरा सं० 24 में ध्यान दिलाया। समिति अंग्रेजी के जाने से उत्पन्न रिक्तता की ओर भी सतर्क थी (पृ० 10, पैरा 17), फिर भी समिति का इस मामले में बड़ा पक्का विचार था कि, "किसी प्रजातंत्रात्मक सरकार के लिए अनिश्चित काल तक अपना कामकाज ऐसी भाषा में चलाना संभव नहीं है, जिसे देश में कुछ लोग ही समझते हों।" (पृ० 8, पैरा 16 से)

समिति की रिपोर्ट पर संसद में लोकसभा 2-4 सितंबर 1959 तथा राज्य-सभा 8-9 सितंबर 1959 को चर्चा हुई। प्रधानमंत्री ने चर्चा में भाग लेते हुए दिनांक 4-9-1959 को भाषण दिया। यहाँ यह उल्लेखनीय है कि इससे पूर्व फ्रैंक एन्थेनी ने संविधान को अष्टम अनुसूची में अंग्रेजी को सम्मिलित करने के लिए संसद में एक बिल रखा था जिस पर गर्मागरम बहस हुई। अंततः इस आश्वासन पर कि नेहरूजी इस पर अपने विचार व्यक्त करेंगे, एन्थेनी ने बिल वापस ले लिया। नेहरूजी ने अंग्रेजी की पर्याप्त प्रशंसा करते हुए भी स्पष्ट शब्दों में घोषणा

की कि "अंग्रेजी निश्चय ही एक थोपी गयी भाषा है। **इसने हमारे लिए ज्ञान-विज्ञान की खिड़कियाँ जरूर खोलीं और हमें बहुत कुछ ज्ञान दिया भी, पर इस पर एक ऐसी भाषा होने का लांछन भी है जो हमारी अपनी भाषाओं और हमारी सांस्कृतिक परंपराओं के ऊपर जमकर बैठ गयी है।**"

इन बहसों के परिप्रेक्ष्य में राष्ट्रपति ने अप्रैल, 1960 में आदेश जारी किया।

राष्ट्रपति का आदेश : 27 अप्रैल, 1960

लोकसभा के 20 सदस्यों और राज्यसभा के 10 की एक समिति प्रथम राजभाषा आयोग की सिफारिशों पर विचार करने के लिए और उनके विषय में राय राष्ट्रपति के समक्ष पेश करने के लिए संविधान के अनुच्छेद 344 के खंड (4) के उपबंधों के अनुसार नियुक्त की गयी थी। समिति ने अपनी रिपोर्ट राष्ट्रपति के समक्ष 8 फरवरी, 1959 को पेश कर दी। नीचे रिपोर्ट की कुछ मुख्य बातें दी जा रही हैं जिनसे समिति के सामान्य दृष्टिकोण का परिचय मिल सकता है :

1. **संसदीय समिति की सिफारिश** : (क) राजभाषा के बारे में संविधान में बड़ी समन्वित योजना दी हुई है। इसमें योजना के दायरे से बाहर जाये बिना स्थिति के अनुसार परिवर्तन की गुंजाइश है।

(ख) विभिन्न प्रादेशिक भाषाएँ राज्यों में शिक्षा और सरकारी कामकाज के माध्यम के रूप में तेजी से अंग्रेजी का स्थान ले रही हैं। यह स्वाभाविक ही है कि प्रादेशिक भाषाएँ अपना उचित स्थान प्राप्त करें। अतः व्यावहारिक दृष्टि से यह बात आवश्यक हो गयी है कि संघ के प्रयोजनों के लिए कोई एक भारतीय भाषा काम में लायी जाये। किंतु यह आवश्यक नहीं कि यह परिवर्तन किसी नियत तारीख को ही हो। यह परिवर्तन धीरे-धीरे इस प्रकार किया जाना चाहिए कि कोई गड़बड़ी न हो और कम-से-कम असुविधा हो।

(ग) 1965 तक अंग्रेजी मुख्य राजभाषा और हिंदी सहायक राजभाषा रहनी चाहिए। 1965 में हिंदी संघ की मुख्य राजभाषा हो जायेगी, किंतु उसके उपरांत अंग्रेजी सहायक राजभाषा के रूप में चलती रहनी चाहिए।

(घ) संघ के प्रयोजनों में से किसी के लिए अंग्रेजी के प्रयोग पर कोई रोक इस समय नहीं लगायी जानी चाहिए और अनुच्छेद 343 के खंड (3) के अनुसार इस बात की व्यवस्था की जानी चाहिए कि 1965 के उपरांत भी अंग्रेजी का प्रयोग इन प्रयोजनों के लिए, जिन्हें संसद विधि द्वारा उल्लिखित करे, तब तक होता रहे जब तक कि वैसा करना आवश्यक रहे।

(ङ) अनुच्छेद 351 का यह उपबंध कि हिंदी का विकास ऐसे किया जाये कि वह भारत की सामासिक संस्कृति के सब तत्त्वों की अभिव्यक्ति का माध्यम बन सके, अत्यंत महत्त्वपूर्ण है और इस बात के लिए पूरा प्रोत्साहन दिया जाना चाहिए कि सरल और सुबोध शब्द काम में लाये जायें।

रिपोर्ट की प्रतियाँ संसद के दोनों सदनों के पटल पर 1959 के अप्रैल मास में रख दी गयी थीं और रिपोर्ट पर विचार-विमर्श लोकसभा में 2 सितंबर से 4 सितंबर, 1959 तक और राज्यसभा में 8 और 9 सितंबर, 1959 को हुआ था। राजभाषा के प्रश्न पर सरकार का जो दृष्टिकोण है उसे उन्होंने अपने इस भाषण में मोटे तौर पर व्यक्त कर दिया था।

2. अनुच्छेद 344 के खंड (6) द्वारा दी गयी शक्तियों का प्रयोग करते हुए राष्ट्रपति ने समिति की रिपोर्ट पर विचार किया है और राजभाषा आयोग की सिफारिशों पर समिति द्वारा अभिव्यक्त राय को ध्यान में रखकर, इसके बाद निम्नलिखित निदेश जारी किये हैं।

3. **शब्दावली** : आयोग की जिन सिफारिशों को समिति ने मान लिया है, वे ये हैं :

(i) शब्दावली तैयार करने में मुख्य लक्ष्य उसकी स्पष्टता, यथार्थता और सरलता होना चाहिए;

(ii) अंतर्राष्ट्रीय शब्दावली अपनायी जाये, या जहाँ भी आवश्यक हो, अनुकूलन कर लिया जाये;

(iii) सभी भारतीय भाषाओं के लिए शब्दावली का विकास करते समय लक्ष्य यह होना चाहिए कि उसमें जहाँ तक हो सके अधिकतम एकरूपता हो; और

(iv) हिंदी और अन्य भारतीय भाषाओं की शब्दावली के विकास के लिए जो प्रयत्न केंद्र और राज्यों में हो रहे हैं, उनमें समन्वय स्थापित करने के लिए समुचित प्रबंध किये जाने चाहिए। इसके अतिरिक्त समिति का यह भी मत है कि विज्ञान और प्रौद्योगिकी के क्षेत्र में सब भारतीय भाषाओं में जहाँ तक हो सके, एकरूपता होनी चाहिए और शब्दावली लगभग अंग्रेजी या अंतर्राष्ट्रीय शब्दावसी जैसी ही होनी चाहिए। इस दृष्टि से समिति ने यह सुझाव दिया है कि इस क्षेत्र में विभिन्न संस्थाओं द्वारा किये गये काम में समन्वय स्थापित करने और उसकी देखरेख के लिए और सब भारतीय भाषाओं में प्रयोग में लाने की दृष्टि से एक प्रामाणिक शब्दकोश निकालने के लिए एक ऐसा स्थायी आयोग कायम किया जाये जिसके सदस्य मुख्यत: वैज्ञानिक और

प्रौद्योगिकीविद् हों।

शिक्षा मंत्रालय निम्नलिखित विषय में कार्रवाई करे—(क) अब तक किये गये काम पर पुनर्विचार और समिति द्वारा स्वीकृत सामान्य सिद्धांतों के अनुकूल शब्दावली का विकास। विज्ञान और प्रौद्योगिकी के क्षेत्र में वे शब्द, जिनका प्रयोग अंतर्राष्ट्रीय क्षेत्र में होता है, कम-से-कम परिवर्तन के साथ अपना लिये जायें, अर्थात् मूल शब्द वे होने चाहिए जो आजकल अंतर्राष्ट्रीय शब्दावली में काम आते हैं। उनसे व्युत्पन्न शब्दों का जहाँ भी आवश्यक हो, भारतीयकरण किया जा सकता है;

(ख) शब्दावली तैयार करने के काम में समन्वय स्थापित करने के लिए प्रबंध करने में सुझाव देना; और

(ग) विज्ञान और तकनीकी शब्दावली के विकास के लिए समिति के सुझाव के अनुसार स्थायी आयोग का निर्माण।

4. प्रशासनिक संहिताओं और अन्य कार्यविधि-साहित्य का अनुवाद : इस आवश्यकता को दृष्टि में रखकर कि संहिताओं और अन्य कार्यविधि-साहित्य के अनुवाद में प्रयुक्त भाषा में किसी हद तक एकरूपता होनी चाहिए, समिति ने आयोग की यह सिफारिश मान ली है कि यह सारा काम एक अभिकरण को सौंप दिया जाये।

शिक्षा मंत्रालय सांविधिक नियमों, विनियमों और आदेशों के अलावा बाकी सब संहिताओं और अन्य कार्यविधि-साहित्य का अनुवाद करे। सांविधिक नियमों, विनियमों और आदेशों का अनुवाद संविधियों के अनुवाद के साथ घनिष्ठ रूप से संबद्ध है, इसलिए यह काम विधि मंत्रालय करे। इस बात का पूरा प्रयत्न होना चाहिए कि सब भारतीय भाषाओं में इन अनुवादों की शब्दावली में जहाँ तक हो सके, एकरूपता रखी जाये।

5. प्रशासनिक कर्मचारी वर्ग को हिंदी का प्रशिक्षण : (क) समिति द्वारा अभिव्यक्त मत के अनुसार 45 वर्ष से कम आयु वाले सब केंद्रीय कर्मचारियों के लिए सेवाकालीन हिंदी प्रशिक्षण प्राप्त करना अनिवार्य कर दिया जाना चाहिए। तृतीय श्रेणी के ग्रेड से नीचे के कर्मचारियों और औद्योगिक संस्थाओं और कार्यप्रभारित कर्मचारियों के संबंध में यह बात लागू न होगी। इस योजना के अंतर्गत नियत तारीख तक विहित योग्यता प्राप्त कर सकने के लिए कर्मचारी को कोई दंड नहीं दिया जाना चाहिए। हिंदी भाषा की पढ़ाई के लिए सुविधाएँ प्रशिक्षणार्थियों को मुफ़्त मिलती रहनी चाहिए।

(ख) गृह मंत्रालय उन टाइपकारों और आशुलिपिकों को हिंदी टाइपराइटिंग और आशुलिपि का प्रशिक्षण देने के लिए आवश्यक प्रबंध करे जो केंद्रीय सरकार की नौकरी में हैं।

(ग) शिक्षा मंत्रालय हिंदी टाइपराइटरों के मानक की-बोर्ड (कुंजीपटल) के विकास के लिए शीघ्र कदम उठाए ।

6. **हिंदी प्रचार** : (क) आयोग की इस सिफारिश से कि यह काम करने की जिम्मेदारी अब सरकार उठाये, समिति सहमत हो गयी है । जिन क्षेत्रों में प्रभावी रूप से काम करने वाली गैर-सरकारी संस्थाएँ पहले से ही विद्यमान हैं उनमें उन संस्थाओं को वित्तीय और अन्य प्रकार की सहायता दी जाये और जहाँ ऐसी संस्थाएँ नहीं हैं, वहाँ सरकार आवश्यक संगठन कायम करे ।

शिक्षा मंत्रालय इस बात की समीक्षा करे कि हिंदी प्रचार के लिए जो वर्तमान व्यवस्था है, वह कैसी चल रही है । साथ ही वह समिति द्वारा सुझायी गयी दिशाओं में आगे कार्रवाई करे ।

(ख) शिक्षा मंत्रालय और वैज्ञानिक अनुसंधान और सांस्कृतिक कार्य मंत्रालय परस्पर मिलकर भारतीय भाषाविज्ञान, भाषाशास्त्र और साहित्य संबंधी अध्ययन और अनुसंधान को प्रोत्साहन देने के लिए समिति द्वारा सुझाए गये तरीके से आवश्यक कार्रवाई करें और विभिन्न भारतीय भाषाओं को परस्पर निकट लाने के लिए अनुच्छेद 351 में दिये गये निदेश के अनुसार हिंदी का विकास करने के लिए आवश्यक योजना तैयार करें ।

7. **केंद्रीय सरकारी विभाग के स्थानीय कार्यालयों के लिए भर्ती : (क)** समिति की राय है कि केंद्रीय सरकारी विभागों के स्थानीय कार्यालय अपने आंतरिक कामकाज के लिए हिंदी का प्रयोग करें और जनता के साथ पत्र-व्यवहार में उन प्रदेशों की प्रादेशिक भाषाओं का प्रयोग करें ।

अपने स्थानीय कार्यालयों में अंग्रेजी के अतिरिक्त हिंदी का उत्तरोत्तर अधिक प्रयोग करने के वास्ते योजना तैयार करने में केंद्रीय सरकारी विभाग इस आवश्यकता को ध्यान में रखें कि यथासंभव अधिक-से-अधिक मात्रा में प्रादेशिक भाषाओं में फार्म और विभागीय साहित्य उपलब्ध कराकर वहाँ की जनता को पूरी सुविधाएँ प्रदान की जानी चाहिए ।

(ख) समिति की राय है कि केंद्रीय सरकार के प्रशासनिक अभिकरणों और विभागों में कर्मचारियों की वर्तमान व्यवस्था पर पुनर्विचार किया जाये, और कर्मचारियों का प्रादेशिक आधार पर विकेंद्रीकरण कर दिया जाये; इसके लिए भर्ती के तरीकों और अर्हताओं में उपयुक्त संशोधन करना होगा ।

स्थानीय कार्यालयों में जिन कोटियों के पदों पर कार्य करने वालों

की बदली मामूली तौर पर प्रदेश के बाहर नहीं होती उन कोटियों के संबंध में यह सुझाव, कोई अधिकार संबंधी प्रतिबंध लगाये बिना, सिद्धांततः मान लिया जाना चाहिए।

(ग) समिति आयोग की इस सिफारिश से सहमत है कि केंद्रीय सरकार के लिए यह विहित कर देना न्यायसम्मत होगा कि उसकी नौकरियों में लगने के लिए एक अर्हता यह भी होगी कि उम्मीदवार को हिंदी भाषा का सम्यक् ज्ञान हो। पर ऐसा तभी किया जाना चाहिए जबकि इसके लिए काफी समय पहले से सूचना दे दी गयी हो और भाषा-योग्यता का विहित स्तर मामूली हो और इस बारे में जो भी कमी हो, उसे सेवाकालीन प्रशिक्षण द्वारा पूरा किया जा सकता हो। यह सिफारिश अभी हिंदी-भाषी क्षेत्रों के केंद्रीय सरकारी विभागों में कार्यान्वित की जाये, हिंदीतर भाषा-भाषी क्षेत्रों के स्थानीय कार्यालयों में नहीं।

(क), (ख) और (ग) में दिये गये निर्देश भारतीय लेखापरीक्षा और लेखा-विभाग के अधीन कार्यालयों के संबंध में लागू न होंगे।

8. **प्रशिक्षण संस्थान** : (क) समिति ने यह सुझाव दिया है कि नेशनल डिफेंस एकेडेमी जैसे प्रशिक्षण संस्थानों में शिक्षा का माध्यम अंग्रेजी ही बना रहे, किंतु शिक्षा संबंधी कुछ या सभी प्रयोजनों के लिए माध्यम के रूप में हिंदी का प्रयोग शुरू करने के लिए उचित कदम उठाये जायें।

रक्षा मंत्रालय अनुदेश पुस्तिकाओं इत्यादि के हिंदी प्रकाशन आदि के रूप में समुचित कार्रवाई करें, ताकि जहाँ भी व्यवहार्य हो, वहाँ शिक्षा के माध्यम के रूप में हिंदी का प्रयोग सुगम हो जाये।

(ख) समिति ने सुझाव दिया कि प्रशिक्षण संस्थानों में प्रवेश के लिए अंग्रेजी और हिंदी दोनों ही परीक्षा के माध्यम हों, किंतु परीक्षार्थियों को यह विकल्प रहे कि वे सब या कुछ परीक्षापत्रों के लिए उनमें से किसी एक भाषा को चुन लें और एक विशेष समिति यह जाँच करने के लिए नियुक्त की जाये कि नियत कोटा प्रणाली अपनाये बिना प्रादेशिक भाषाओं का प्रयोग परीक्षा के माध्यम के रूप में कहाँ तक शुरू किया जा सकता है। रक्षा मंत्रालय को चाहिए कि वह प्रवेश परीक्षाओं में वैकल्पिक माध्यम के रूप में हिंदी का प्रयोग शुरू करने के लिए आवश्यक कार्रवाई करे और कोई नियत कोटा प्रणाली अपनाये बिना परीक्षा के माध्यम के रूप में प्रादेशिक भाषाओं का प्रयोग आरंभ करने के प्रश्न पर विचार करने के लिए एक विशेषज्ञ समिति नियुक्त करे।

9. **अखिल भारतीय सेवाओं और उच्चतर केंद्रीय सेवाओं में भर्ती :** **(क) परीक्षा का माध्यम—समिति की राय है कि** (i) परीक्षा का माध्यम अंग्रेजी बना रहे और कुछ समय पश्चात् हिंदी वैकल्पिक माध्यम के रूप में अपना ली जाये। उसके बाद जब तक आवश्यक हो, अंग्रेजी और हिंदी दोनों ही परीक्षार्थी के विकल्पानुसार परीक्षा के माध्यम के रूप में अपनाने की छूट हो; और

(ii) किसी प्रकार की नियत कोटा प्रणाली अपनाये बिना परीक्षा के माध्यम के रूप में विभिन्न प्रादेशिक भाषाओं का प्रयोग शुरू करने की व्यवहार्यता की जाँच करने के लिए एक विशेषज्ञ समिति नियुक्त की जाये।

कुछ समय के पश्चात् वैकल्पिक माध्यम के रूप में हिंदी का प्रयोग शुरू करने के लिए संघ लोकसेवा आयोग के साथ परामर्श करके गृह मंत्रालय आवश्यक कार्रवाई करे। वैकल्पिक माध्यम के रूप में विभिन्न प्रादेशिक भाषाओं का प्रयोग शुरू करने की व्यवहार्यता की जाँच करने के लिए विशेषज्ञ समिति नियुक्त करना आवश्यक नहीं है।

(ख) **भाषाविषयक प्रश्नपत्र** : समिति की राय है कि सम्यक् सूचना के बाद समान स्तर के दो अनिवार्य प्रश्नपत्र होने चाहिए, जिनमें से एक हिंदी और दूसरी हिंदी से भिन्न किसी भारतीय भाषा का होना चाहिए और परीक्षार्थी को यह स्वतंत्रता होनी चाहिए कि वह इनमें से किसी एक को चुन ले।

अभी केवल एक ऐच्छिक हिंदी परीक्षा पत्र शुरू किया जाये। प्रतियोगिता के फल पर चुने गये जो परीक्षार्थी इस परीक्षा पत्र में उत्तीर्ण हो गये हों उन्हें भर्ती के बाद जो विभागीय हिंदी परीक्षा देनी होती है, उसमें बैठने और उसमें उत्तीर्ण होने की शर्त से छूट दी जाये।

10. **अंक** : जैसाकि समिति का सुझाव है, केंद्रीय मंत्रालयों को हिंदी प्रकाशनों में अंतर्राष्ट्रीय अंकों के अतिरिक्त देवनागरी अंकों के प्रयोग के संबंध में एक आधारभूत नीति अपनायी जाये जिसका निर्धारण इस आधार पर किया जाये कि वे प्रकाशन किस प्रकार की जनता के लिए हैं और उसकी विषयवस्तु क्या है। वैज्ञानिक, औद्योगिकीय और सांख्यिकीय प्रकाशनों में, जिसमें केंद्रीय सरकार का बजट साहित्य भी शामिल है, बराबर अंतर्राष्ट्रीय अंकों का प्रयोग किया जाये।

11. **अधिनियमों, विधेयकों इत्यादि की भाषा :** (क) समिति ने राय दी है कि संसदीय विधियाँ अंग्रेजी में बनती रहें किंतु उनका प्रामाणिक हिंदी

अनुवाद उपलब्ध कराया जाये । संसदीय विधियाँ अंग्रेजी में बनती रहें पर उनके प्रामाणिक हिंदी अनुवाद की व्यवस्था करने के वास्ते विधि मंत्रालय आवश्यक विधेयक उचित समय पर पेश करे । संसदीय विधियों का प्रादेशिक भाषाओं में अनुवाद कराने का प्रबंध भी विधि मंत्रालय करे ।

(ख) समिति ने राय जाहिर की है, जहाँ कहीं राज्य विधान मंडल में पेश किये गये विधेयकों या पास किये गये अधिनियमों का मूल पाठ हिंदी से भिन्न किसी भाषा में है, वहाँ अनुच्छेद 348 के खंड (3) के अनुसार अंग्रेजी अनुवाद के अलावा उसका हिंदी अनुवाद भी प्रकाशित किया जाये ।

राज्य की राजभाषा में पाठ के साथ राज्य विधेयकों, अधिनियमों तथा अन्य सांविधिक लिखतों के हिंदी अनुवाद के प्रकाशन के लिए आवश्यक विधेयक उचित समय पर पेश किया जाये ।

12. **उच्चतम न्यायालय और उच्च न्यायालय की भाषा** : राजभाषा आयोग ने सिफारिश की थी कि जहाँ उच्चतम न्यायालय की भाषा का सवाल है, उसकी भाषा इस परिवर्तन का समय आने पर अंततः हिंदी होनी चाहिए । समिति ने यह सिफारिश मान ली है ।

आयोग ने उच्च न्यायालयों की भाषा के विषय में प्रादेशिक भाषाओं और हिंदी के पक्ष-विपक्ष में विचार किया और सिफारिश की कि जब भी इस परिवर्तन का समय आये, उच्च न्यायालयों के निर्णयों, आज्ञप्तियों (डिक्रियों) और आदेशों की भाषा सब प्रदेशों में हिंदी होनी चाहिए, किंतु समिति की राय है कि राष्ट्रपति की पूर्व सम्मति से आवश्यक विधेयक पेश करके यह व्यवस्था करने की गुंजाइश रहे कि उच्च न्यायालयों के निर्णयों, आज्ञप्तियों (डिक्रियों) और आदेशों के लिए उच्च न्यायालय में हिंदी और राज्यों की राजभाषाएँ विकल्पतः प्रयोग में लायी जा सकेंगी ।

समिति की यह राय है कि उच्चतम न्यायालय अन्ततः अपना सब काम हिंदी में करे यह सिद्धांत रूप में स्वीकार्य है और इसके संबध में समुचित कार्रवाई उसी समय अपेक्षित होगी जबकि इस परिवर्तन के लिए समय आ जायेगा ।

जैसा कि आयोग की सिफारिश की तरमीम करते हुए समिति ने सुझाव दिया है, उच्च न्यायालयों की भाषा के विषय में यह व्यवस्था करने के लिए आवश्यक विधेयक विधि मंत्रालय उचित समय पर राष्ट्रपति की पूर्व सम्मति से पेश करे कि निर्णयों, आज्ञप्तियों (डिक्रियों)

और आदेशों के प्रयोजनों के लिए हिंदी और राज्यों की राजभाषाओं का प्रयोग विकल्पत: किया जा सकेगा ।

13. **विधि क्षेत्र में हिंदी में काम करने के लिए आवश्यक प्रारंभिक कदम :** मानक विधि शब्दकोश तैयार करने, केंद्र तथा राज्य के विधान निर्माण से संबंधित सांविधिक ग्रंथ का अधिनियम करने, विधि शब्दावली तैयार करने की योजना बनाने और जिस संक्रमण काल में सांविधिक ग्रंथ और साथ ही निर्णयविधि अंशत: हिंदी और अंग्रेजी में होंगे, उस अवधि में प्रारंभिक कदम उठाने के बारे में आयोग ने जो सिफारिश की थी उन्हें समिति ने मान लिया है । साथ ही समिति ने यह सुझाव भी दिया है कि संविधियों के अनुवाद और विधि शब्दावली तथा कोशों से संबंधित सम्पूर्ण कार्यक्रम की समुचित योजना बनाने और उसे कार्यान्वित करने के लिए भारत की विभिन्न राष्ट्रभाषाओं का प्रतिनिधित्व करने वाले विशेषज्ञों का एक स्थायी आयोग या इसका कोई उच्चस्तरीय निकाय बनाया जाये । समिति ने यह राय जाहिर की है कि राज्य सरकारों को परामर्श दिया जाये कि वे भी केंद्रीय सरकार से राय लेकर इस संबंध में आवश्यक कार्रवाई करें ।

समिति के सुझाव को दृष्टि में रखकर विधि मंत्रालय (यथासंभव सब भारतीय भाषाओं में प्रयोग के लिए) सर्वमान्य विधि शब्दावली की तैयारी और संविधियों के हिंदी में अनुवाद संबंधी पूरे काम के लिए समुचित योजना बनाने और पूरा करने के लिए विधि विशेषज्ञों के एक स्थायी आयोग का निर्माण करे ।

14. **हिंदी के प्रगामी प्रयोग के लिए योजना का कार्यक्रम :** समिति ने यह सुझाव दिया है कि संघ की राजभाषा के रूप में हिंदी के प्रगामी प्रयोग की योजना संघ सरकार बनाये और कार्यान्वित करे । संघ के राजकीय प्रयोजनों में से किसी के लिए अंग्रेजी के प्रयोग पर इस समय कोई रोक न लगाई जाये ।

तदनुसार गृह मंत्रालय एक योजना कार्यक्रम तैयार करे और उसे अमल में लाने के संबंध में आवश्यक कार्रवाई करे । इस योजना का उद्देश्य होगा संघीय प्रशासन में बिना कठिनाई के हिंदी के प्रगामी प्रयोग के लिए आरंभिक कदम उठाना और संविधान के अनुछेद के 343 खंड (2) में किये गये उपबंध के अनुसार संघ के विभिन्न कार्यों में अंग्रेजी के साथ-साथ हिंदी के प्रयोग को बढ़ावा देना, अंग्रेजी के अतिरिक्त हिंदी का प्रयोग कहाँ तक किया जा सकता है, यह बात इन प्रारंभिक कार्रवाइयों की सफलता पर बहुत कुछ निर्भर करेगी । इस

बीच प्राप्त अनुभव के आधार पर अंग्रेजी के अतिरिक्त हिंदी के वास्तविक प्रयोग की योजना पर समय-समय पर पुनर्विचार और उसमें हेर-फेर करना होगा ।

सन् 1960 से राष्ट्रपति के आदेश के अनुसार जहाँ विभिन्न क्षेत्रों में सक्रियता आयी वहाँ दूसरी ओर 1965 ज्यों-ज्यों समीप आता गया, हिंदी-विरोध प्रबल तथा अंग्रेजी-समर्थनकारी उग्र होते गये ।

सन् 1961 में **'वैज्ञानिक तथा तकनीकी शब्दावली आयोग'** गठित किया गया । वैसे इससे पूर्व ही 1953 के प्रारंभ में छोटी-छोटी शब्दावली पुस्तिकाएँ प्रकाशित हो चुकी थीं तथा 1956 तक पदनाम तथा सामान्य प्रशासन संबंधी 15,000 शब्दावली का काम पूरा हो गया था और आशा थी कि शेष काम 1960 तक पूरा हो जायेगा । शब्दावली आयोग को कुछ आवश्यक निर्देश दिये गये कि (1) शब्दावली की सरलता, यथार्थता, स्पष्टता की ओर ध्यान दिया जाये (2) अंतर्राष्ट्रीय शब्दावली अपनायी जाये और यथासंभव उनका अनुकूलन (व्युत्पन्न शब्दों का भारतीयकरण) कर लिया जाये (3) अधिकतम एकरूपता हो (4) केंद्र-राज्यों के मध्य समन्वय स्थापित करने के लिए समुचित प्रबंध हो (5) विज्ञान/प्रौद्योगिकी के क्षेत्र में भारतीय भाषाओं में एकरूपता हो । यह अपने में पृथक् विस्तृत विषय है, अब तक लगभग चार लाख शब्दों को (विज्ञान—एक लाख तीस हजार) मानविकी-समाजविज्ञान—अस्सी हजार, आयुर्विज्ञान—पचास हजार, इंजीनियरी—पचास हजार, कृषि—बीस हजार, विधि प्रशासन आदि—सत्तर हजार) विकसित किया जा चुका है । अब तो अंतरिक्ष शब्दावली भी प्रकाशित हो चुकी है ।

विधि मंत्रालय ने राष्ट्रपति के आदेश, पैरा 13 के अनुसार 'राजभाषा (विधायी) आयोग गठित किया । इस आयोग के तत्त्वावधान में ही **'विधि शब्दावली'** तैयार की गयी । इस 'राजभाषा (विधायी) आयोग ने सन् 1976, सितंबर तक कार्य किया । पर्याप्त अधिनियमों (1004) राष्ट्रपति द्वारा प्राधिकृत) का हिंदी में अनुवाद किया जा चुका है जिनमें से 251 अधिनियम द्विभाषी रूप में प्रकाशित हो चुके हैं । उल्लेखनीय कार्य **'विधि शब्दावली'** का प्रकाशन है जिसका प्रथम संस्करण सन् 1970 में प्रकाशित हुआ और संशोधित व परिवर्धित संस्करण सन् 1979 में जिसमें 34000 प्रविष्टियाँ हैं । अद्यतन संस्करण सन् 1983 का है । सभी भारतीय भाषाओं के लिए शब्दावली तैयार करते समय अधिकतम संभाव्य एकरूपता का प्रयास करने का निर्देश राजभाषा आयोग ने दिया था । विधि मंत्रालय 1965 से मई 1982 तक 47105 पृष्ठों के विधिक दस्तावेजों का अनुवाद कर चुका है । 1963 के अधिनियम की धारा 3 (3) के बाद सन् 1982 तक 83099 पृष्ठों का अनुवाद किया गया । आयोग के बाद सन् 1976

से राजभाषा खंड यह कार्य सम्पन्न कर रहा है।

सन् 1961 में हिंदी के उत्तरोत्तर प्रयोग को सुनिश्चित करने के लिए योजना-बद्ध रूप से स्पष्ट कार्यक्रम दिनांक 27-3-1961 को प्रस्तुत किया गया। कुछ कार्यक्रम इससे पहले भी प्रारंभ हो चुके थे, जैसे गृह मंत्रालय के दिनांक 21-5-1960 के कार्यालय ज्ञापन के अनुसार सभी सरकारी समारोहों के लिए निमंत्रण-पत्र हिंदी तथा अंग्रेजी दोनों में जारी करने की पद्धति अपनायी गयी। समय-समय पर इस नियम की ओर ध्यान दिलाया गया (दिनांक 19-5-1970 तथा 10-6-1974)। इसी प्रकार चतुर्थ श्रेणी के कर्मचारियों की सेवा पंजियों में प्रविष्टियाँ हिंदी में करने के आदेश काफ़ी पहले सन् 1957 में ही जारी कर दिये गये। इस वर्ष इसके कार्यक्षेत्र को बढ़ाया गया और बाद में 19-8-1968 के कार्यालय ज्ञापन में इन बातों का पुन: स्मरण दिलाया गया।

सन् 1962-63 से भारत के राजपत्र (गजट) में हिंदी तथा अंग्रेजी दोनों भाषाओं में प्रकाशन की व्यवस्था (दिनांक 27-3-1961 के कार्यालय ज्ञापन के पैरा 3 (5) के अनुसार) निम्नलिखित क्षेत्रों में प्रारंभ की गयी :

भाग-i असंवैधानिक सूचनाएँ

भाग-iii संघ लोक सेवा आयोग, संघ शासित हिंदी-भाषी क्षेत्रों के मुख्य आयुक्तों द्वारा जारी अधिसूचनाएँ

भाग-iv गैर-सरकारी संस्थाओं के विज्ञापन/सूचनाएँ।

भाग-v जन्म-मृत्यु के आँकड़े

लेकिन इसका अनुपालन समुचित रीति से नहीं हुआ। श्री सुधाकर द्विवेदी ने (गृह मंत्रालय में विभिन्न पदों पर रह चुके हैं) 'हिंदी : अस्तित्व की तलाश' में स्पष्ट किया है कि नवंबर 1963 में देखा गया कि "अक्टूबर के राजपत्र, खंड-I में अधिकांश अधिसूचनाएँ केवल अंग्रेजी में छपी थीं जबकि उन्हें हिंदी में भी प्रकाशित होना था।"

समय-समय पर इस ओर ध्यान दिलाया गया। दिनांक 11-8-1968 को सभी मंत्रालयों को लिखा गया कि संकल्पों, नियमों, अधिसूचनाओं, नोटिसों आदि का हिंदी में प्रकाशन सांविधिक रूप से आवश्यक है अतएव हिंदी और अंग्रेजी दोनों में प्रकाशन के लिए सामग्री एकसाथ भेजें। इस संबंध में आगे चलकर 20-3-1970 को तो मुद्रण और लेखन-सामग्री के मुख्य नियंत्रक से ही अनुरोध किया गया कि जो भी आवश्यक सामग्री केवल अंग्रेजी में प्राप्त हो, उसे भारत के राजपत्र में प्रकाशन के लिए स्वीकार न करें। सांविधिक नियमों आदि के प्रकाशन की व्यवस्था राजपत्र के भाग-ii के खंड 3-क में पृथक् से दिनांक 20-3-1970 के कार्यालय ज्ञापन द्वारा की गयी।

इसी वर्ष हिंदी पत्रों का उत्तर निश्चयात्मक रूप से हिंदी में देने के आदेश दिये

गये। मूल रूप से हिंदी में लिखने की आज्ञा भी दी गयी थी, साथ ही मंत्रालयों से प्राप्त पत्रों का उत्तर हिंदी में दिया जा सकता है। गृह सचिव की अध्यक्षता में **'हिंदी कार्यक्रम कार्यान्वयन समिति'** का गठन भी किया गया।

यह सब होते हुए भी यदि संपूर्ण स्थिति का जायजा लिया जाये तो इस समय तक (1962) लगभग एक लाख पृष्ठों की सामग्री में से मात्र आठ हजार पृष्ठों का अनुवाद किया जा सका और तीन लाख कर्मचारियों में से उन्नीस हजार कर्मचारी प्रशिक्षित किये जा सके; दूसरी ओर अंग्रेजी समर्थकों का दबाव और दक्षिण भारत में हिंदी के विरुद्ध इतने अधिक उग्र प्रदर्शन हुए कि दिनांक 26-1-1965 से आगे भी अंग्रेजी को जारी रखने के लिए 'राजभाषा विधेयक' प्रस्तुत करने की तैयारी होने लगी।

अध्याय 3

राजभाषा अधिनियम, 1963 तथा कार्यान्वयन के लिए व्यवस्थाएँ

राजभाषा अधिनियम, 1963 (यथासंशोधित, 1967)

संविधान के अनुच्छेद 343 खंड (3) के अधीन इस अधिनियम को लोकसभा में तत्कालीन गृहमंत्री श्री लाल बहादुर शास्त्री द्वारा बैशाखी के दिन दिनांक 13-4-1963 को काफी हंगामें के बाद यह प्रस्तुत किया जा सका। बाद में 3-5-1963 की राज्यसभा में पेश किया गया। इसका उद्देश्य था कि 15 वर्ष की अवधि (26 जनवरी, 1965) के बाद अंग्रेजी भाषा के प्रयोग करने के बारे में संसद को कानून बनाने का अधिकार दिया जाये। इस अधिनियम (मूल विधेयक सं० 19 परिशिष्ट में दिया जा रहा है) की धारा 3 के अनुसार संघ के उन सभी सरकारी प्रयोजनों के लिए, जिनके लिए अंग्रेजी 26 जनवरी, 1965 के तत्काल पहले प्रयुक्त की जाती थी, इसके बाद भी हिंदी के अलावा अंग्रेजी का प्रयोग जारी रखा जा सकता है। माननीय गृहमंत्री ने यह भी घोषणा की कि 'इस विधेयक की धारा-3 में इस बात की व्यवस्था की गयी है कि अंग्रेजी जारी रहेगी। **परन्तु यह व्यवस्था हिंदी के अलावा होगी।**' शास्त्री जी ने यह भी कहा कि 'हम अंग्रेजी की वर्तमान स्थिति कायम नहीं रख सकते और न रहनी ही चाहिए। कोई राष्ट्रीय औचित्य न हो तब तक अंग्रेजी के स्थान पर हिंदी और देश की अन्य राष्ट्रीय भाषाओं को अपनाने में अनिश्चितता बनाये रखना भी उपयुक्त नहीं है, अनंत काल तक अंग्रेजी की वर्तमान स्थिति नहीं चलने दी जा सकती है।' (शास्त्रीजी के भाषणों के लिए द्रष्टव्य हैं : लोकसभा डिबेट्स, दिनांक 23-4-1963, सं० 11385-11397, दिनांक 25-4-1963 सं० 11973-12017 तथा 27-4-1963 पृ० 12506-15)

काफ़ी लंबी तथा गमागर्मी से भरी बहस के बाद यह बिल सं० 19 पारित होकर 10-5-1963 को हस्ताक्षरित हुआ।

यहाँ यह उल्लेखनीय है कि इस अधिनियम के बनने के बाद भी तत्कालीन

प्रधानमंत्री पं० जवाहलाल नेहरू के दिये गये आश्वासनों को लेकर निरंतर दक्षिण भारत में हंगामे चलते रहे (यद्यपि बिल की सम्पूर्ण बहस के समय पं० नेहरू संसद में उपस्थित रहे और भाग लिया) फलतः तत्कालीन प्रधानमंत्री ने राष्ट्र के नाम संदेश में संशोधन का आश्वासन दिया और राष्ट्रपति ने दिनांक 17-2-1965 को अपने भाषण में कहा कि 'नेहरूजी द्वारा दिये गये आश्वासनों को बिना किसी शर्त पूरा किया जायेगा।' देश में कुछ ऐसी परिस्थिति रही कि अन्ततः सन् 1967 में यह संशोधन 27-11-1967 को रखा जा सका और दिनांक 16-12-1967 को पारित हुआ और आठ जनवरी 1968 को हस्ताक्षरित हुआ।

यह ठीक है कि सन् 1965 के बाद हिंदी राजभाषा के पद पर आसीन हो गयी। पर अंग्रेजी सहभाषा के रूप में स्वीकृत हो जाने के बाद राजभाषा की द्विभाषिक स्थिति कायम हो गयी और इसके फलस्वरूप निम्नलिखित अनिवार्य रूप से हिंदी-अंग्रेजी में जारी करने का उपबंध है :

1. संकल्पों, साधारण आदेशों, नियमों, अधिसूचनाओं, प्रशासनिक या अन्य प्रतिवेदनों या प्रेस विज्ञप्तियों के लिए, जो केंद्रीय सरकार द्वारा या उसके किसी मंत्रालय, विभाग या कार्यालय द्वारा या केंद्रीय सरकार के स्वामित्व में के या नियंत्रण में के किसी निगम या कंपनी द्वारा या ऐसे निगम कंपनी के किसी कार्यालय द्वारा निकाले जाते हैं या किये जाते हैं;
2. संसद के किसी सदन या सदनों के समक्ष रखे गये प्रशासनिक तथा अन्य प्रतिवेदनों और राजकीय कागजपत्रों के लिए;
3. केंद्रीय सरकार या उसके किसी मंत्रालय, विभाग या कार्यालय द्वारा या उसकी ओर से या केंद्रीय सरकार के स्वामित्व में के या नियंत्रण में के किसी निगम या कंपनी द्वारा या ऐसे निगम या कंपनी के किसी कार्यालय द्वारा निष्पादित संविदाओं और करारों के लिए तथा निकाली गयी अनुज्ञप्तियों, अनुज्ञापत्रों, सूचनाओं और निविदा प्रारूपों के लिए।

संसद में प्रस्तुत किये जाने वाले सभी कागज़ात हिंदी तथा अंग्रेजी में साथ-साथ प्रस्तुत करना अनिवार्य हो गया है। किसी कारण से हिंदी रूपांतर साथ-साथ प्रस्तुत नहीं किया जा सके तो कागज़ात को प्रस्तुत करते समय राज्यसभा/लोकसभा के सभापटल पर उन कारणों का संक्षिप्त विवरण भी प्रस्तुत किया जाये।

कांग्रेस कार्य समिति भी समय-समय पर 'राजभाषा' पर विचार करती रही है। इस दृष्टि से विचार दिनांक 24-2-1965 को किया गया जिसमें कहा

गया कि (1) भारत सरकार को हिंदी तथा अन्य सभी राष्ट्रीय भाषाओं के प्रयोग और विकास की ओर अधिकाधिक ध्यान देना चाहिए। (2) त्रिभाषासूत्र का प्रभावी ढंग से अनुपालन किया जाये। (3) संघ लोक सेवा आयोग की परीक्षाओं में हिंदी तथा प्रमुख क्षेत्रीय भाषाओं को भी वैकल्पिक माध्यम बनाया जाये। (4) नेहरूजी के आश्वासनों के आधार पर राजभाषा अधिनियम 1963 में संशोधन किया जाये आदि। वस्तुतः इसके आधार पर ही सन् 1967 में विधेयक में संशोधन किया गया और संसद के दोनों सदनों ने 'संकल्प' दिनांक 18-1-1968 को पारित किया।

राजभाषा अधिनियम, 1963 की धाराओं का कार्यान्वयन

1. प्रधान धारा 3 दिनांक 26-1-1965 से लागू हो गयी।
2. धारा 4 में यह प्रावधान रखा गया कि जिस तारीख से धारा 3 प्रवृत्त होती है, उससे दस वर्ष की समाप्ति के पश्चात् राजभाषा के संबंध में एक समिति संसद द्वारा गठित की जायेगी जिसमें तीस सदस्य (20 लोकसभा तथा 10 राज्यसभा) होंगे। यह समिति संघ के राजकीय प्रयोजनों के लिए हिंदी के प्रयोग में की गयी प्रगति का पुनर्विलोकन कर राष्ट्रपति को प्रतिवेदन प्रस्तुत करेगी। इस प्रकार की संसदीय राजभाषा समिति का गठन पहली बार जनवरी 1976 में हुआ। यह समिति पुनः तीन उप-समितियों में बँटी हुई है। इस '**राजभाषा संसदीय समिति**' को 1977 तथा 1979 में लोकसभा भंग होने पर जुलाई 1977 तथा 1980 में पुनर्गठित किया गया है। समिति अपने प्रतिवेदन को अंतिम रूप देने में व्यस्त थी कि सन् 1984 में लोकसभा भंग कर दी गयी। अब सन् 1985 में उन समितियों का पुनगर्ठन किया गया। इन उपसमितियों के संयोजक हैं—1. श्रीयुत श्रीकांत वर्मा, 2. डॉ० रुद्रप्रताप सिंह, 3. श्री बी० वी देसाई।
3. धारा 5 केंद्रीय अधिनियमों के प्राधिकृत हिंदी अनुवाद से संबंधित है जिसको 25-2-1970 से लागू किया गया। बाद में 26-8-1970 के कार्यालय ज्ञापन के अनुसार इसकी उपधारा 2 में निम्नलिखित परिवर्तन किया गया :

   सरकारी विधेयकों के हिंदी अनुवाद का प्राधिकरण और अधिप्रमाणन

   राजभाषा (विधायी) आयोग का एक अधिकारी, जिसे इस प्रयोजन के लिए विधिवत् प्राधिकृत किया है, सरकारी विधेयकों के अनूदित पाठों पर यह प्रमाणित करेगा कि वे सही हैं और इस प्रकार प्राधिकृत किया गया अनुवाद, विधेयक को संसद में प्रस्तुत करने से पहले संबंधित मंत्री

द्वारा अधिप्रमाणित किया जायेगा ।

धारा 5 की उपधारा (2) में यह उपबंध किया गया है कि उन सब विधेयकों का, जो संसद के किसी भी सदन में पुरःस्थापित किये जाने हैं और उन सब संशोधनों का, जो उनके संबंध में प्रस्तावित किये जाने हैं, हिंदी अनुवाद, नियत दिन से, अंग्रेजी भाषा के प्राधिकृत पाठ के साथ-साथ प्रस्तुत किया जायेगा। भारत सरकार ने इस धारा को 1 अक्टूबर, 1976 से लागू कर दिया है। अब सभी विधेयकों के अंग्रेजी पाठ के साथ-साथ हिंदी अनुवाद भी दोनों सदनों में प्रस्तुत किये जाते हैं। किसी भी सदन में ऐसा कोई विधेयक पेश नहीं होता जिसका प्राधिकृत हिंदी अनुवाद उसके साथ न हो।

4. धारा 6 राज्य अधिनियमों के प्राधिकृत हिंदी अनुवाद से संबंधित है।
5. धारा 7 यह धारा उच्च न्यायालयों के निर्णयों आदि में हिंदी या अन्य राजभाषा के वैकल्पिक प्रयोग (संविधान अनुच्छेद 348 (2)) से संबंधित है। इसमें यह प्रावधान है कि राज्यपाल उच्च न्यायालय के फैसलों, आदेशों आदि के लिए हिंदी या राज्य की राजभाषा के वैकल्पिक प्रयोग को प्राधिकृत कर सकता है। दिनांक 7-3-1970 से लागू इस प्रावधान का उपयोग अभी तक चार हिंदी-भाषी राज्यों (उत्तर प्रदेश, बिहार, मध्यप्रदेश, राजस्थान) में किया गया है जहाँ राज्यपालों ने उच्चतम न्यायालयों में हिंदी प्रयोग को प्राधिकृत किया है। इसके अंतर्गत बिहार, मध्यप्रदेश, राजस्थान में क्रमशः चार, पच्चीस, ग्यारह प्राधिकृत अनुवाद हुए।
6. धारा 8 इसके अंतर्गत केंद्रीय सरकार को राजभाषा नियम बनाने की शक्ति प्रदान की गयी है। इस अधिनियम के प्रयोजनों को कार्यान्वित करने के लिए नियम, शासकीय राजपत्र में अधिसूचना द्वारा बना सकने का प्रावधान है। इसके आधार पर ही केंद्रीय सरकार ने संघ के शासकीय प्रयोजनों के लिए 'राजभाषा नियम, 1976' (17 जुलाई 1976 के गजट में प्रकाशित) इन नियमों के अनुपालन के लिए ही विविध आदेश निकाले जाते हैं। इन नियमों को मूलरूप में तथा उनकी मुख्य-मुख्य बातें परिशिष्ट में दी जा रही हैं।

राजभाषा अधिनियम, 1963 के संशोधन (1967) के बाद सरकारी प्रयोजनों के लिए हिंदी के प्रगामी प्रयोग के लिए गृह मंत्रालय द्वारा दिनांक 6-7-1968 को विस्तृत अनुदेश जारी किये गये। सन् 1968 में ही संसद द्वारा इस संबंध में संकल्प पारित किया गया। इन अनुदेशों का समुचित ढंग से पालन

हो रहा है अथवा नहीं इसके लिए अनेक व्यवस्थाएँ—राजभाषा कार्यान्वयन समिति, राजभाषा सलाहकार समिति आदि की गयीं।

राजभाषा कार्यान्वयन समितियाँ

प्रत्येक मंत्रालय/विभाग में राजभाषा-आदेशों का कार्यान्वयन ठीक-ठीक चलाने के लिए राजभाषा कार्यान्वयन समितियों का गठन कार्यालय ज्ञापन सं० 6/63/64-रा० भा० दिनांक 10-12-1964 के आधार पर सन् 1965 में किया गया। इस समिति के सुपुर्द मोटे तौर पर निम्नलिखित कार्य सौंपे गये :

1. हिंदी के प्रयोग के संबंध में गृह मंत्रालय के अनुदेशों के कार्यान्वयन का पुनरीक्षण करना और उस बारे में आरंभिक तथा अन्य कार्रवाई करना।
2. तिमाही प्रगति रिपोर्टों का पुनरीक्षण करना।
3. हिंदी-भाषी क्षेत्रों से प्राप्त तिमाही रिपोर्ट का पुनरीक्षण।
4. कार्यान्वयन संबंधी कठिनाइयों को देखना और उनका हल निकालना।
5. हिंदी के प्रशिक्षण के बारे में अनुदेशों का परिपालन तथा हिंदी टाइपिंग तथा आशुलिपि में प्रशिक्षण प्राप्त करने के लिए कर्मचारियों को उपयुक्त संख्या में भेजना।

केंद्रीय हिंदी समिति की दूसरी बैठक में लिये गये निर्णय के अनुसार समिति के काम की देखरेख मंत्रालय/विभाग के संयुक्त सचिव के अधिकारी को, विशेषत: प्रशासन से संबंधित अधिकारी को यह जिम्मेदारी सौंपी गयी है। हिंदी अधिकारी/हिंदी का काम देखने वाला अधिकारी इस समिति का सदस्य सचिव रखा जाता है। यह भी ध्यान रखा गया है कि समिति के सदस्यों की संख्या 15 से अधिक न हो। इस समिति की बैठक तीन माह में एक बार अवश्य होनी चाहिए। इस संबंध में गृह मंत्रालय ने सन् 1975 में कड़े आदेश जारी किये।

उक्त आदेश के अनुसार समितियाँ लगभग सभी मंत्रालयों/विभागों में गठित की गयीं। बाद में सन् 1668, 1969 तथा 1975 में इसके ठीक-ठीक अनुपालन की ओर ध्यान दिलाया गया। आगे चलकर सन् 1976 में हिंदी प्रशिक्षण योजना के अधिकारियों को सदस्यता देने का प्रावधान किया गया। गैर सरकारी व्यक्तियों को सदस्य न बनाने का सुझाव दिया गया। यह भी सुझाव दिया गया कि कार्यालय विशेष के गठन को देखते हुए, उचित अनुपात में अहिंदी-भाषी अधिकारियों को रखा जाये। कोशिश यह हो कि किसी भी समिति में जहाँ तक हो सके, आधे सदस्य अहिन्दी-भाषी हों।

केंद्रीय राजभाषा कार्यान्वयन समिति

राजभाषा विभाग के सचिव तथा भारत सरकार के हिंदी सलाहकार की अध्यक्षता में सभी मंत्रालयों/विभागों की कार्यान्वयन समितियों में समन्वय का कार्य यह समिति करती है। विभिन्न समितियों के अध्यक्ष (संयुक्त सचिव पद के समान) तथा मंत्रालयों में राजभाषा का कार्य संपादन करने वाले निदेशक तथा उपसचिव इसके सदस्य होते हैं। यह समिति यथासंशोधित राजभाषा अधिनियमों के उपबंधों तथा सरकारी प्रयोजनों के लिए हिंदी के प्रयोग और केंद्रीय सरकारी कर्मचारियों के गृह मंत्रालय द्वारा समय-समय पर जारी किये गये अनुदेशों के कार्यान्वयन में हुई प्रगति का पुनरीक्षण करती है और उनके अनुपालन में आयी कठिनाइयों के निराकरण के उपायों पर विचार करती है।

नगर राजभाषा कार्यान्वयन समितियाँ

बड़े-बड़े नगरों में जहाँ केंद्रीय सरकार के दस या उससे अधिक कार्यालय हैं, वहाँ **नगर राजभाषा कर्यान्वयन समितियों** का गठन किया गया। सन् 1976 के आदेश के अनुसार इनका गठन किया गया। इन सम्मिलित बैठकों में हिंदी प्रशिक्षण, हिंदी टाइपराइटिंग तथा हिंदी आशुलिपि के प्रशिक्षण, देवनागरी लिपि के टाइपराइटरों की उपलब्धि आदि के संबंध में अनुभव होने वाली सामान्य कठिनाइयों के बारे में चर्चा की जाती है और नगर के विभिन्न कार्यालयों में हिंदी का प्रयोग बढ़ाने के लिए जो उपाय किये गये हैं उनसे परस्पर लाभ उठाया जाता है।

जिन नगरों में 'नगर राजभाषा कार्यान्वयन समितियों' का गठन होगा उनकी बैठकों में अपने कार्यान्वयन के प्रतिनिधि के रूप में राजभाषा अधिकारी भाग लेते हैं। केंद्रीय सचिवालय हिंदी परिषद् की शाखाओं के अधिकारी भी इसमें निमंत्रित किये जाते हैं।

सन् 1979 ई० के आदेश द्वारा इसके कार्यों में विस्तार कर निम्नलिखित कर्त्तव्य निश्चित किये गये :

1. राजभाषा अधिनियम/नियम और सरकारी कामकाज में हिंदी का प्रयोग बढ़ाने के संबंध में भारत सरकार द्वारा जारी किये गये आदेशों और हिंदी के प्रयोग से संबंधित वार्षिक कार्यक्रम के कार्यान्वयन की स्थिति की समीक्षा।
2. नगर के केंद्रीय सरकार के कार्यालयों में हिंदी का प्रयोग बढ़ाने के संबंध में किये जाने वाले उपायों पर विचार।
3. हिंदी के संदर्भ सहित्य, टाइपराइटरों, टाइपिस्टों, आशुलिपिकों आदि की उपलब्धि की समीक्षा।

4. हिंदी, हिंदी टाइपिंग तथा हिंदी आशुलिपि के प्रशिक्षण से संबंधित समस्याओं पर विचार।

इस प्रकार की बैठकें वर्ष में दो बार होती हैं। इनकी अध्यक्षता नगर के वरिष्ठतम अधिकारी करते हैं। इन समितियों में नगर में स्थित सभी केंद्रीय सरकारी कार्यालयों तथा उपक्रमों के प्रतिनिधि भाग लेते हैं, अपने-अपने कार्यालयों की तिमाही प्रगति रिपोर्ट की समीक्षा करते हैं और हिंदी के इस्तेमाल को बढ़ाने के लिए सुझाव देते हैं। प्रारंभ में ऐसे नगरों की संख्या सीमित थी, अब बढ़ती (अब संख्या 82) जा रही है। हिंदी के प्रयोग को बढ़ाने में इन बैठकों से विशेष लाभ हुआ है। इस वर्ष—1985 में विभिन्न प्रकार की प्रतियोगिताओं का आयोजन इस समिति की अध्यक्षता में आयोजित किया जा रहा है।

केंद्रीय हिंदी समिति

सर्वप्रथम गृह मंत्रालय में सन् 1964 ई० में हिंदी सलाहकार समिति का गठन किया गया और आवश्यकता पड़ने पर इसकी उपसमितियाँ भी गठित की गयीं। भारत सरकार में 'हिंदी सलाहकार के पद' का सर्जन भी सन् 1965 में हो चुका था। इसके बाद विधि मंत्रालय में भी इस प्रकार की पृथक् समिति का गठन किया गया। लेकिन साथ ही यह अनुभव किया गया कि इस प्रकार की एक सर्वोच्च समिति भी गठित की जाये जो प्रधानमंत्री की अध्यक्षता में हिंदी कार्यान्वयन पर निगरानी रखे। फलतः 5-9-1967 को ऐसी 'समिति' का गठन किया गया। हिंदी के विकास और प्रसार तथा सरकारी कामकाज में हिंदी के अधिकाधिक प्रयोग के संबंध में भारत सरकार के विभिन्न मंत्रालयों/विभागों द्वारा कार्यान्वित किये जा रहे कार्यक्रमों का समन्वय करने और नीति-संबंधी दिशा-निर्देश देने वाली यह सर्वोच्च समिति है। प्रधानमंत्री की अध्यक्षता में गठित इस समिति में केंद्रीय सरकार 11 मंत्री एवं राज्यमंत्री, राज्यों के 8 मुख्यमंत्री, 7 संसद सदस्य और हिंदी के 10 विशिष्ट विद्वान् शामिल थे। राजभाषा विभाग के सचिव एवं भारत सरकार के हिंदी सलाहकार इसके सदस्य सचिव हैं।

इस समिति द्वारा लिये गये निर्णय प्रकारांतर से भारत सरकार के निर्णय माने जाते हैं, क्योंकि सभी प्रमुख मंत्रालयों के मंत्री तथा कई प्रदेशों के मुख्यमंत्री इस समिति के सदस्य होते हैं। इस समिति की समय-समय पर बैठकें होती रहती हैं। सन् 1982 में इस समिति को पुनर्गठित किया गया। अब नयी सरकार के आने के बाद सन् 1985 में इस समिति का प्रधानमंत्री की अध्यक्षता में पुनर्गठन किया गया, जिसमें 11 केंद्रीय सरकार के मंत्री (गृह, वित्त, शिक्षा, विधि, सूचना तथा प्रसारण, संचार, विदेश, विज्ञान और प्रौद्योगिकी आदि, पर्यटन और नागर विमानन, गृह राज्यमंत्री (एस) तथा राज्यमंत्री (के); छह राज्यों (उत्तरप्रदेश,

मध्यप्रदेश, महाराष्ट्र, गुजरात, उड़ीसा, कर्नाटक) के मुख्यमंत्री; 7 संसद सदस्य (श्री हरद्वारीलाल, श्रीमती बासव राजेश्वरी, डॉ० सरोजनी महिषी, श्री रामचंद्र विकल, डॉ० रुद्रप्रताप सिंह, श्रीकांत वर्मा, बी० वी० देसाई) तथा ग्यारह विशिष्ट विद्वान (श्री एम० के० वेलायुधन नामर, श्री युगलकिशोर चतुर्वेदी, श्री शंकर राव लोढ़े, श्री विनोदकुमार मिश्र, श्री डी० पी० पटनायक, श्री आर० पांडे, डॉ० सरगुकृष्णमूर्ति, प्रो० गोपीनाथ तिवारी, श्री राधाकृष्ण मूर्ति, श्री सुरेंद्रनाथ सिंह, तथा प्रो० सी० राजगोपाल) शामिल हैं। समिति की सचिव हैं—सचिव, राजभाषा विभाग एवं भारत सरकार की हिंदी सलाहकार कु० कुसुमलता मित्तल।

जैसा कहा जा चुका है कि समिति द्वारा लिये गये निर्णय प्रकारांतर से भारत सरकार के निर्णय माने जाते हैं। उदाहरणार्थ 27 फरवरी तथा 13 अप्रैल 78 को हुई समिति की 15वीं बैठक में लिये गये कुछ निर्णय इस प्रकार हैं :

—राजभाषा नियम 1976 के नियम 10 (4) के अधीन कार्यालयों को अधिसूचित करने के विषय में :

समिति ने तय किया कि जिन कार्यालयों के 80 प्रतिशत या अधिक कर्मचारियों को हिंदी का कार्यसाधक ज्ञान है उन्हें अधिसूचित करने के काम में तेजी लायी जाये।

—यह तय किया गया कि हिंदी जानने वाले आशुलिपिकों को हिंदी जानने वाले अधिकारियों के साथ ही तैनात किया जाये जिससे उनकी क्षमता का समुचित उपयोग हो सके।

—(आकाशवाणी के पाठों की भाषा को सुबोध एवं व्यावहारिक बनाने की व्यवस्था पर विचार) करने के बाद माना गया कि सभी के लिए संतोषजनक एवं सरल भाषा का प्रयोग कठिन है, फिर भी इस दिशा में आवश्यक प्रयास किये जा रहे हैं।

यह भी तय किया गया कि आकाशवाणी महानिदेशालय हिंदी पाठों की भाषा को अधिक सरल और व्यावहारिक बनाने के लिए तत्परता से कार्रवाई करे।

—यह निश्चय किया गया कि संसदीय राजभाषा समिति के सदस्य जिन मंत्रालयों या विभागों का हिंदी संबंधी काम देखते हैं, वे उन मंत्रालयों और विभागों की हिंदी सलाहकार समितियों में भी सदस्य मनोनीत किये जायें।

इन्हीं को कार्यालय आदेश के रूप में जारी भी कर दिया जाता है, जैसे, सभी सरकारी उद्यमों के कर्मचारियों के लिए हिंदी का प्रशिक्षण अनिवार्य किये जाने के संबंध में दिनांक 9-11-1976 को का० ज्ञा० जारी किया गया :

26 मई, 1976 को प्रधानमंत्रीजी की अध्यक्षता में हुई केंद्रीय हिंदी समिति की बैठक में, यह निर्णय किया गया कि सभी सरकारी उद्यमों के कर्मचारियों के लिए हिंदी का प्रशिक्षण अनिवार्य कर दिया जाये। यह निर्णय भी लिया गया कि, इन कर्मचारियों को प्रशिक्षण देने का प्रबंध, हिंदी शिक्षण योजना के अंतर्गत किया जाये, लेकिन इस संबंध में होने वाला पूरा खर्च संबंधित उद्यमों से वसूल किया जाये।× × × सरकारी उद्यमों के कर्मचारियों को हिंदी का प्रशिक्षण जल्दी से जल्दी दिया जाये ताकि केंद्रीय सरकार की राजभाषा नीति का भली भाँति अनुपालन हो सके।

हिंदी सलाहकार समितियाँ

राजभाषा हिंदी के समुचित कार्यान्वयन और उससे संबंधित समस्याओं के समाधान के लिए सर्वप्रथम गृह मंत्रालय में 'हिंदी सलाहकार समिति' का गठन 1964 ई० में किया गया और आवश्यकता पड़ने पर उपसमितियाँ भी गठित की गयीं, बाद में सन् 1967 में इसका पुनर्गठन किया गया साथ ही इस प्रकार की समिति का गठन 'विधि मंत्रालय' में भी कर दिया गया, पर यह अनुभव किया गया कि इस प्रकार एक सर्वोच्च समिति भी गठित की जाये जो प्रधानमंत्री की अध्यक्षता में हिंदी कार्यान्वयन पर निगरानी रखे। फलतः 5-9-1967 को ऐसी समिति का गठन किया गया जिसकी पहली बैठक 2-12-1967 को हुई।

केंद्रीय हिंदी समिति की इस पहली बैठक में यह निर्णय लिया गया कि सभी मंत्रालयों को हिंदी के प्रचार-प्रसार तथा उत्तरोत्तर प्रयोग से संबंधित विषयों पर हिंदी सलाहकार से परामर्श लेना चाहिए। गृह और विधि मंत्रालय के बाद सूचना तथा प्रसारण मंत्रालय में इसी प्रकार की सलाहकार समिति का गठन सन् 1968 में किया गया। कालांतर में अन्य मंत्रालयों में भी इस प्रकार की समितियाँ गठित की गयीं। लेकिन पहली बार इन समितियों के गठन के लिए मार्गदर्शी सिद्धांत राजभाषा विभाग ने (जिसका पृथक् गठन सन् 1975 में किया गया और तत्कालीन हिंदी सलाहकार श्री रमाप्रसन्न नायकजी इस विभाग के सचिव नियुक्त किये गये) दिनांक 18-9-1975 को विभिन्न मंत्रालयों को भेजे। इसमें यह स्पष्ट किया गया कि इसमें कितनी सदस्य संख्या हो और उनका वर्गवार विभाजन (क) सरकारी सदस्य (ख) गैर सरकारी सदस्य कितने हों, साथ ही गैर सरकारी सदस्यों के अंतर्गत कैसे व्यक्तियों को नामित किया जाये। राजभाषा विभाग से परामर्श तथा समिति के कार्यक्षेत्र को भी स्पष्ट किया गया। इन मार्गदर्शी सिद्धांतों के अनुसार सन् 1975-76 में सभी मंत्रालयों में ऐसी सलाहकार समितियाँ गठित की गयीं। राजभाषा विभाग ने समय-समय पर इन समितियों की कार्यपद्धति पर भी सलाह दी। सन् 1978 में इस प्रकार की राय भी दी गयी

कि इन बैठकों को नियमित रूप से, हर तीन महीने बाद, करने की व्यवस्था सुनिश्चित की जाये। समय-समय पर इन समितियों का पुनर्गठन किया जाता है। सन् 1980 के बाद पुनः इन समितियों का पुनर्गठन किया गया है। सामान्यतः इन समितियों का कार्यकाल तीन वर्ष का होता है। इन समितियों में लिये गये निर्णय भी तत्संबंधी मंत्रालय पर नियमतः लागू माने जाते हैं। इन सलाहकार समितियों से पर्याप्त लाभ हुआ है।

अब (1985 ई० में) नयी सरकार के गठन के बाद सभी मंत्रालयों की हिंदी सलाहकार समितियों का पुनर्गठन किया गया है। सामान्यतः मंत्रालय के मंत्री महोदय (कैबिनेट अथवा राज्यमंत्री) इसके अध्यक्ष रहते हैं।

इस द्विभाषिक प्रावस्था की सफलता इस बात पर निर्भर होगी कि केंद्रीय सरकार के कर्मचारी हिंदी तथा अंग्रेजी दोनों भाषाओं का ज्ञान किस गति से प्राप्त करते हैं। वर्तमान कर्मचारियों में से अधिकांश को अंग्रेजी का ज्ञान पहले से ही है, आने वाले कुछ वर्षों में ऐसे कर्मचारियों को हिंदी सिखाने के संबंध में जोर देना होगा जिन्हें सन् 1960 के राष्ट्रपति के आदेश के अधीन निर्धारित परीक्षाएँ पास करनी आवश्यक हैं। हिंदी शिक्षण योजना के अधीन चलायी जाने वाली कक्षाओं में सम्मिलित होने के लिए ऐसे कर्मचारी भेजने के हेतु विस्तृत अनुदेश पहले से ही विद्यमान हैं। कर्मचारियों को '**गहन हिंदी शिक्षण**' की योजनाओं को भी केंद्रीय हिंदी संस्थान, आगरा के दिल्ली केंद्र के माध्यम से सन् 1971 से चलाया जा रहा है। केंद्रीय हिंदी निदेशालय के तत्त्वावधान में पत्राचार द्वारा हिंदी शिक्षण की व्यवस्था है। पत्राचार का माध्यम अंग्रेजी के साथ-साथ अब तमिल और मलयालम भी हैं।

अखिल भारतीय सेवाओं—भारतीय प्रशासन सेवा, भारतीय पुलिस सेवा तथा भारतीय वन सेवा तथा केंद्रीय सेवाओं के परिवीक्षाधीनों (प्रोबेशनरों) का प्रशिक्षण कार्मिक तथा प्रशासनिक सुधार विभाग के अंतर्गत मसूरी स्थित लाल बहादुर शास्त्री राष्ट्रीय प्रशासन अकादमी, मसूरी में होता है। यहाँ हिंदी के साथ सभी भारतीय भाषाओं के प्रशिक्षण की व्यवस्था है। नवीन प्रशिक्षण पद्धतियाँ, भाषा-शास्त्र तथा परंपरागत प्रशिक्षण पद्धति का समन्वित रूप—कक्षा अध्यापन तथा भाषा प्रयोगशाला माध्यम के संयोजन से विकसित हुआ है। आधारिक पाठ्यक्रम में हिंदी की परीक्षा उत्तीर्ण करना सबके लिए अनिवार्य है। भाषा के प्रशासनिक पक्ष—फंक्शनल पक्ष पर विशेष बल दिया जाता है। भारतीय प्रशासनिक सेवा के अधिकारी अपने वृत्तिक पाठ्यक्रम को भी अकादमी में पूरा करते हैं जबकि शेष अधिकारी अपने-अपने प्रशिक्षण संस्थान में चले जाते हैं। जिस प्रकार हिंदी का प्रशिक्षण आगे अकादमी में दिया जाता है उसी प्रकार की समुचित व्यवस्था की आवश्यकता

अन्य प्रशिक्षण संस्थानों में की जानी चाहिए और आधारिक पाठ्यक्रम के बाद वृत्तिक पाठ्यक्रम के प्रशिक्षण में तारतम्य रहना आवश्यक है।

अब तो सन् 1969 से कोठारी समिति की सिफारिशों के आधार पर हिंदी तथा अन्य सभी भारतीय भाषाएँ (संविधान की आठवीं अनुसूची में परिगणित) संघ लोक सेवा आयोग की परीक्षाओं का माध्यम भी बन चुकी हैं।

अध्याय 4

संघ लोक सेवा आयोग द्वारा संचालित सिविल सेवा परीक्षा में हिंदी

भारत सरकार की विभिन्न सेवाओं और पदों के लिए समुचित व्यक्तियों के चयन करने के उद्देश्य से ही संघ लोक सेवा आयोग द्वारा प्रतियोगिता परीक्षाओं का आयोजन किया जाता है।

स्वतंत्रता से पूर्व अंग्रेजों ने भारत में प्रशासन चलाने के लिए 'इंडियन सिविल सर्विस (आई० सी० एस०)' का प्रचलन किया था जो सेवा वस्तुतः न इंडियन (भारतीय) थी, न सिविल और न ही सेवा। यह ब्रिटिश शासन का 'स्टील फ्रेम' कहा जाता रहा। पहले परीक्षा इंग्लैंड में होती थी, बाद में ब्रिटिश सिविल सर्विस कमीशन के ढाँचे पर सन् 1926 में भारत में ही लोक सेवा आयोग की स्थापना की गयी जोकि 1935 के एक्ट के बाद 'संघीय' कहलाया। परीक्षा की प्रक्रिया समय-समय पर बदलती रही। भारतीय नौकरशाही अंग्रेजी शासन की देन है जिसका प्रारंभ सन् 1855 में हो गया था जो कालांतर में 1870 के अधिनियम के अनुसार परिवर्तित हुआ। सन् 1947 के बाद आई० सी० एस० के स्थान पर आई० ए० एस० (भारतीय प्रशासन सेवा) तथा आई० पी० के स्थान पर आई० पी० एस० (भारतीय पुलिस सेवा) नाम दिया गया। मात्र नाम के परिवर्तन से परिवर्तन नहीं होता, चुनाव के रूप में मात्र अंग्रेजी ही स्वीकृत होने के कारण इन सेवाओं में प्रवेश भी उच्च तथा उच्चमध्यवर्गीय परिवारों तक सीमित रहा।

उच्च सेवाओं का प्रवेश द्वार भारतीय भाषाओं के माध्यम से शिक्षित या कहें मध्य तथा निम्नमध्यवर्गीय परिवारों से आये अभ्यर्थियों के लिए बंद रहा। इस समस्या की ओर सर्वप्रथम ध्यान अप्रैल सन् 1954 में हुई कांग्रेस वर्किंग कमेटी में दिया गया और वहीं प्रस्ताव पास किया गया कि अंग्रेजी के साथ हिंदी तथा अन्य भारतीय भाषाओं को परीक्षा का माध्यम बनाया जाये जिसके आधार पर तत्कालीन माननीय गृहमंत्री ने संसद में 2-5-1955 को घोषणा की कि इस संबंध में रूपरेखा तैयार की जा रही है और राजभाषा आयोग से राय लेकर इस दिशा में

आगे बढ़ा जायेगा। यह भी सोचा गया कि हिंदी को पहले प्रारंभ कर दिया जाये, अन्य भारतीय भाषाएँ बाद में प्रारंभ की जायें, भर्ती के समय हिंदी के सामान्य ज्ञान की परीक्षा हो। राजभाषा आयोग की सिफारिशों पर संसदीय समिति ने निम्नलिखित बिंदुओं पर राष्ट्रपति से अनुशंसा की :

1. माध्यम के रूप में अंग्रेजी चलती रहनी चाहिए, और हिंदी वैकल्पिक माध्यम के रूप में कुछ समय बाद प्रारंभ की जा सकती है तथा हिंदी और अंग्रेजी दोनों भाषाएँ अभ्यर्थियों के लिए जब तक आवश्यक हों चलती रहें।
2. उचित समय देकर समान स्तर के दो प्रश्न-पत्र एक हिंदी में तथा दूसरा अन्य भारतीय भाषा में अनिवार्य कर देने चाहिए।
3 माध्यम परिवर्तन के बाद भी अंग्रेजी का एक प्रश्न-पत्र सभी के लिए अनिवार्य हो, जब तक पूरी तरह अंग्रेजी के स्थान पर हिंदी न आ जाये।
4. भारतीय भाषाओं को माध्यम के रूप में स्वीकार करने के लिए कमेटी नियुक्त की जाये।

राष्ट्रपति ने संसदीय समिति की रिपोर्ट पर विचार कर 27 अप्रैल, 1960 को आदेश जारी किया, 'तृतीय श्रेणी के नीचे के कर्मचारियों, औद्योगिक संस्थानों के कर्मचारियों और कार्यप्रभारित कर्मचारियों को छोड़कर उन सभी केंद्रीय सरकारी कर्मचारियों के लिए हिंदी का सेवाकालीन प्रशिक्षण अनिवार्य कर दिया जाये जिनकी आयु दिनांक 1-1-61 को 45 वर्ष से कम हो।'

इस बीच संघ लोक सेवा आयोग से विचार-विमर्श के उपरांत यह समझा गया कि भारतीय प्रशासनिक सेवा आदि की 1963 की परीक्षाओं से हिंदी को प्रारंभ करना संभव होगा। इसी आधार पर असिस्टेंट तथा अवर श्रेणी के लिपिकों की परीक्षा में निबंध तथा सामान्य ज्ञान के प्रश्न-पत्र के लिए माध्यम के रूप में सन् 1964 में हिंदी को मान्यता प्रदान की गई, बाद में 1974 से गणित भी सम्मिलित कर लिया गया। तत्कालीन गृहमंत्री महोदय ने 12-3-1964 को मुख्यमंत्रियों की बैठक में घोषणा भी की कि सितंबर 1965 में होने वाली परीक्षाओं में अंग्रेजी के साथ-साथ हिंदी भी परीक्षा का माध्यम होगी। राजभाषा अधिनियम 1963 के विरोध में आग इतने जोर की भड़की कि प्रधानमंत्री लालबहादुर शास्त्री जी ने दिनांक 11-2-1965 को अंग्रेजी के चलते रहने का आकाशवाणी से प्रसारण किया और इसी प्रकार की घोषणा संसद के दोनों सदनों में दिनांक 25-2-1965 को की गई। यहाँ यह उल्लेखनीय है कि इससे एक दिन पूर्व कांग्रेस वर्किंग कमेटी में यह मामला पुनः आया जिसमें हिंदी तथा अन्य सभी भारतीय भाषाओं को माध्यम बनाने वाली बात दुहरायी गयी जिसको फिर एक बार दिनांक 2-6-1965

की बैठक में दुहराया गया। इसके आधार पर दिसंबर 1965 में आयोग को सूचित किया गया कि अखिल भारतीय तथा उच्च केंद्रीय सेवाओं की परीक्षाओं में संविधान की आठवीं अनुसूची में उल्लिखित सभी भाषाओं को माध्यम बनाया जाये।

तीन साल के अंतराल के बाद संसद के दोनों सदनों में संकल्प दिनांक 18 जनवरी 1968 को पारित किया गया जिसके 4 ख में कहा गया :

'कि परीक्षाओं की भावी योजना प्रक्रिया संबंधी पहलुओं एवं समय के विषय में संघ लोक सेवा आयोग के विचार जानने के पश्चात् अखिल भारतीय एवं उच्चतर केंद्रीय सेवाओं संबंधी परीक्षाओं के लिए संविधान की आठवीं अनुसूची में सम्मिलित सभी भाषाओं तथा अंग्रेजी को वैकल्पिक माध्यम के रूप में रखने की अनुमति होगी।'

संघ लोक सेवा आयोग ने आई० ए० एस० आदि की परीक्षा वर्ष 1969 से निबंध तथा सामान्य ज्ञान (दो अनिवार्य विषयों) के प्रश्न-पत्रों के लिए हिंदी माध्यम की छूट प्रारंभ की, साथ ही अन्य भारतीय भाषाओं में भी लिखने की छूट दी गयी।

1968 में पारित संकल्प के कार्यान्वियन के लिए आयोग पर निरंतर दबाव पड़ता रहा। अतएव फरवरी, 1974 में एक समिति को यह काम सौंपा गया जिसके अध्यक्ष सुप्रसिद्ध वैज्ञानिक तथा शिक्षाशास्त्री डॉ० दौलतसिंह कोठारी थे। इस समिति ने सिविल सेवा परीक्षा की एक नयी योजना से संबंधित अपनी रिपोर्ट प्रस्तुत की। अध्यक्ष के नाम से इस समिति की सिफारिशें 'कोठारी समिति' के नाम से जानी जाती हैं। समिति ने परीक्षा की प्रणाली, माध्यम आदि के संबंध में विस्तृत सुझाव दिये।

कोठारी समिति ने माध्यम के रूप में अंग्रेजी के साथ-साथ संविधान की अष्टम अनुसूची में उल्लिखित सभी भाषाओं को मान्यता प्रदान की जिसको काफी वाद-विवाद के बाद सर्वप्रथम 1979 की परीक्षाओं में प्रारंभ किया जा सका। यह भी व्यवस्था की गयी कि विभिन्न भाषाओं में दिये गये उत्तरों के मूल्यांकन में समतुल्यता बनी रहे। पहली बार नये प्रकार की परीक्षा प्रणाली से उत्तीर्ण होकर अधिकारी 1980 में लालबहादुर शास्त्री राष्ट्रीय प्रशासन अकादमी, मसूरी में आये। हिंदी माध्यम के द्वारा भी अनेक अधिकारी भारतीय प्रशासन सेवा में आये जिनसे उनकी समस्याओं पर डॉ० हर्ष नन्दिनी भाटिया द्वारा लिये गये साक्षात्कार साप्ताहिक हिंदुस्तान के 12 सितंबर, 1982 के अंक में प्रकाशित हुए। इस प्रकार भारतीय भाषाओं के माध्यम से आने वाले अधिकारियों का अब छठा बैच सन् 1985 में आया है। इन अधिकारियों की संख्या में निरंतर वृद्धि होती जा रही है।

कोठारी समिति की अन्य सिफारिश के अनुसार कोई भी एक भारतीय भाषा (अष्टम अनुसूची) का प्रश्न-पत्र अनिवार्य (उत्तर-पूर्वी राज्यों को इससे छूट दी गयी जो 1985 से आगे भी बढ़ा दी गई है) कर दिया गया है। इस प्रकार हिंदी अथवा संविधान की अष्टम अनुसूची में उल्लिखित किसी भी भाषा को लिया जा सकता है। संघ लोक सेवा आयोग की परीक्षाओं में अधिकांशत: अभ्यर्थियों द्वारा हिंदी भाषा को लिया जा रहा है। यहाँ यह भी उल्लेखनीय है कि अनेक अहिंदी भाषा-भाषियों द्वारा भी हिंदी को अपनाया जा रहा है।

मुख्य परीक्षा में वैकल्पिक विषयों में भी हिंदी तथा अन्य भारतीय भाषाओं को मान्यता प्रदान की गई है। इस परीक्षा के लिए आयोग ने जो पाठ्यक्रम तैयार किया है उसमें काफी सूझबूझ का परिचय दिया गया है। दो प्रश्न-पत्र रखे गये हैं—1. हिंदी भाषा, 2. हिंदी साहित्य। हिंदी भाषा का पाठ्यक्रम मैं उद्धृत करना चाहूँगा जिससे विश्वविद्यालयों के पाठ्यक्रमों में इन विषयों को उचित स्थान दिया जा सके। आवश्यकता तो इस बात की है कि इस पाठ्यक्रम के संदर्भ में बी० ए० के पाठ्यक्रम में संशोधन किया जाये जिससे परीक्षा में बैठने वाले विद्यार्थी लाभान्वित हों :

1. अपभ्रंश, अवहट्ठ, और प्रारंभिक हिंदी की व्याकरणिक और शाब्दिक विशेषताएँ।
2. मध्यकाल के दौरान अवधी और ब्रजभाषा का, साहित्यिक भाषा के रूप में विकास।
3. 19वीं शताब्दी के दौरान खड़ी बोली हिंदी का, साहित्यिक भाषा के रूप में विकास।
4. देवनागरी लिपि के साथ हिंदी भाषा का मानकीकरण।
5. स्वाधीनता संघर्ष के दौरान हिंदी का राष्ट्रभाषा के रूप में विकास।
6. स्वाधीनता के बाद हिंदी का, भारत संघ की शासकीय भाषा के रूप में विकास।
7. हिंदी की प्रमुख बोलियों और उसका पारस्परिक संबंध।
8. मानक भाषा की प्रमुख व्याकरणिक विशेषताएँ।

शताब्दियों की अंग्रेजी की जकड़, जो स्वतंत्रता के बाद और अधिक मजबूत होती जा रही है, उसके स्थान पर भारतीय भाषाओं की स्थापना के लिए निरंतर प्रयास करना पड़ा। अनेक विघ्न-बाधाओं के होते हुए कांग्रेस वर्किंग कमेटी ने जो प्रस्ताव 1954 में पारित किया, संसद के दोनों सदनों ने जो संकल्प 1968 में लिया वह संघ लोक सेवा आयोग में 1979 से कार्यान्वित किया जा सका। अभी तो यात्रा का प्रारंभ मात्र हुआ है, आगे सरकारी कामकाज में शत-प्रतिशत हिंदी को लाने के लक्ष्य को प्राप्त करने के लिए अथक परिश्रम करना होगा और हिंदी

भाषा-भाषियों को समय-समय पर सूझ-बूझ का परिचय भी देना होगा। धीरे-धीरे नयी पद्धति का प्रचार व प्रसार बढ़ता जा रहा है।

भारतीय प्रशासनिक सेवा आदि परीक्षाओं में 1969 से दो प्रश्न-पत्रों—निबंध तथा सामान्य ज्ञान—वैकल्पिक माध्यम की सुविधा का बहुत कम परीक्षार्थियों ने लाभ उठाया। फिर भी सभी भारतीय भाषाओं में से हिंदी का सर्वाधिक परीक्षार्थियों ने लाभ उठाया, जैसे निबंध के प्रश्न-पत्र में जिन्होंने लिखा : 877/1207 (1969), 791/1068 (1970), 932/1243 (1971), 1148/1489 (1972), 1566/2066 (1973), 1917/2506 (1974), 2098/2746 (1975), 2529/3253 (1976), 2933/3794 (1977)। यह उल्लेखनीय है कि यह संख्या निरंतर बढ़ती गयी और इस वर्ष 1983 के संघ लोक सेवा आयोग के परीक्षाफल के आधार पर 1982 की अंतिम परीक्षा में जो भारतीय भाषाओं में 1308 उम्मीदवार बैठे, उनमें से 89% का माध्यम हिंदी था।

अध्याय 5

सरकारी कामकाज में हिंदी के प्रयोग के लिए मार्ग-निर्देशन

1. जहाँ हिंदो का प्रयोग अनिवार्य है

पत्र-व्यवहार के लिए हिंदी का प्रयोग

(क) हिंदी-भाषी राज्यों तथा हिंदी को अपनी राजभाषा के रूप में अपनाने वाले राज्यों के साथ पत्र-व्यवहार

(राजभाषा नियम—1976 पैरा 3 तथा 4)

1. केंद्रीय सरकार के कार्यालय से क्षेत्र 'क' में किसी राज्य या संघ राज्य-क्षेत्र को ऐसे या संघ राज्यक्षेत्र में किसी कार्यालय (जो केंद्रीय सरकार का कार्यालय न हो) या व्यक्ति को पत्रादि, असाधारण दशाओं को छोड़कर हिंदी में होंगे और यदि उनमें किसी को कोई पत्रादि अंग्रेजी में भेजे जाते हैं तो उनके साथ उनका हिंदी अनुवाद भी भेजा जायेगा ।
2. क्षेत्र क में स्थित केंद्रीय सरकार के ऐसे कार्यालयों के बीच पत्रादि हिंदी में होंगे ।

(ख) कहीं से भी हिंदी में प्राप्त पत्र का उत्तर देने के लिए

(राजभाषा नियम—1976, पैरा 5)

हिंदी में प्राप्त पत्रादि के उत्तर केंद्रीय सरकार के कार्यालय से हिंदी में दिये जायेंगे ।

विविध प्रयोजनों के लिए हिंदी का प्रयोग

(क) लिफाफे पर पते

1. स्थानीय कार्यालयों और व्यक्तियों तथा हिंदी-भाषी क्षेत्रों को भेजे जाने वाले लिफाफे पर पते लिखने में हिंदी का प्रयोग (30-7-1962 के

का० ज्ञापन के अनुसार)।

2. महाराष्ट्र, गुजरात और पंजाब में कार्यालयों और व्यक्तियों को भेजे जाने वाले लिफाफों पर पते लिखने में हिंदी का प्रयोग (27.6.1973 के का० ज्ञापन के अनुसार)

(ख) 'घ' श्रेणी कर्मचारियों को आरोप-पत्र जारी करना

यह बात सन् 1962 में ही स्पष्ट कर दी गयी थी कि यद्यपि चतुर्थ श्रेणी कर्मचारी आरोप-पत्र अंग्रेजी में लेनें से इंकार नहीं कर सकते, फिर भी हिंदी-भाषी राज्यों में स्थित कार्यालयों के चतुर्थ श्रेणी कर्मचारियों को उनके आरोप-पत्रों का हिंदी में अनुवाद दे देना भी सामान्यतः वांछनीय होगा।

(ग) हिंदी की आवतियाँ डायरी करना

हिंदी में प्राप्त सभी पत्रों को हिंदी में ही डायरी किया जाये और उन पर आवश्यक कार्रवाई कर लेने के बाद ऐसे प्रत्येक पत्र के सामने एक ऐसी प्रविष्टि की जाये जिसमें यह बताया जाये कि इस पत्र का उत्तर यदि भेजा गया है तो हिंदी में भेजा गया या अंग्रेजी में। यह अनुदेश संबद्ध और अधीनस्थ कार्यालयों पर भी लागू किया गया। (सन् 1962 का का० ज्ञापन)

(घ) हिंदी-भाषी क्षेत्रों में स्थित केंद्रीय कार्यालयों में काम करने वाले समूह 'ग' और 'घ' कर्मचारियों की सेवापंजियों में प्रविष्टि

उक्त प्रकार के कर्मचारियों की सेवापंजियों में सभी प्रविष्टियाँ हिंदी में की जानी चाहिए।

2. जहाँ हिंदी और अंग्रेजी दोनों का प्रयोग अनिवार्य है

(क) सामान्य आदेश

सामान्य आदेश द्विभाषिक रूप में जारी हों यह सुनिश्चित कराने के लिए गृह मंत्रालय ने सभी मंत्रालयों/विभागों को यह सुझाव दिया है, वे यह सुनिश्चित करने की जिम्मेदारी प्रशासन के कर्मचारी उपसचिव को सौंपने के संबंध में विचार करें, कि जब कोई '**सामान्य आदेश**' केवल अंग्रेजी में ही साइक्लोस्टाइल करने के लिए प्राप्त हो, तो उसे संबंधित अनुभाग को इस टिप्पणी के साथ वापिस कर दिया जाये कि वह सामान्य आदेश उसके हिंदी रूपांतर के साथ भेजा जाये।

सामान्य आदेश से यह तात्पर्य है :

(i) विभागीय प्रयोग के लिए अभीष्ट और स्थायी प्रकार के सभी आदेश,

निर्णय या अनुदेश;

(ii) व्यक्तियों के समूह अथवा समूहों से संबंधित या उन्हें संबोधित सभी आदेश, अनुदेश, पत्र, ज्ञापन, नोटिस आदि, चाहे वे व्यक्ति सरकारी सेवा से संबद्ध हों अथवा सामान्य जनता से;

(iii) सभी परिपत्र, चाहे वे विभागीय प्रयोग के लिए हों या सरकारी कर्मचारियों या जनता के लिए।

(ख) संकल्प, अधिसूचनाएँ

भारत के राजपत्र में अवश्य ही प्रकाशित किये जाने वाले सभी सांविधिक या असांविधिक सरकारी संकल्प, अधिसूचनाएँ आदि हिंदी और अंग्रेजी दोनों में साथ-साथ जारी किये जाने आवश्यक हैं।

(ग) अंतर्राष्ट्रीय संधियाँ एवं करार

जहाँ तक अंतर्राष्ट्रीय करारों का संबंध है, यह निर्णय किया गया था कि इन करारों के लिए, कुछ अपवादों को छोड़कर अंग्रेजी के अतिरिक्त हिंदी का प्रयोग भी किया जाना चाहिए। तथापि, इन अपवादों में भी, रक्षा मंत्रालय द्वारा निष्पादित संधियों को छोड़कर अन्य सभी का हिंदी अनुवाद तैयार किया जायेगा और अभिलेख में रखा जायेगा। जहाँ तक संधियों के हिंदी रूपांतर की अधिप्रामाणिकता का संबंध है, यह निर्णय किया गया कि अंग्रेजी-भाषी देशों से इतर देशों के साथ अपनी भाषा में किये गये उन करारों के संबंध में जिनके हिंदी और अंग्रेजी रूपांतरों पर भी हस्ताक्षर किये गये हों, यदि कोई विवाद हो तो उनके अंग्रेजी पाठ को अधिप्रमाणित माना जाये। अंग्रेजी-भाषी देशों के साथ किये गये करारों के संबंध में हिंदी पाठ को भी अधिप्रमाणित करने के प्रयत्न किये जाने चाहिए। इस संबंध में विस्तृत अनुदेश सन् 1970, 1972 तथा 1973 में जारी किये गये हैं।

(घ) संविदाएँ, करार, लाइसेंस, परमिट, नोटिस तथा टेंडरों के फार्म

1. राजभाषा अधिनियम 1963 की उपधारा 3 (3) iii में यह व्यवस्था है कि उक्त सभी द्विभाषिक रूप में जारी किये जायें। फार्मों को द्विभाषिक रूप में छपवाया जाये।
2. उपर्युक्त अधिकांश कागज सांविधिक प्रकार के हैं। अतएव इनका हिंदी अनुवाद विधि मंत्रालय के राजभाषा खंड द्वारा किया जाना चाहिए।
3. लाइसेंस और परमिटों के फार्म (संविधि, अध्यादेश, विनियम द्वारा निर्धारित) विधि मंत्रालय के राजभाषा खंड द्वारा अनूदित होने चाहिए।

(ङ) प्रेस विज्ञप्तियाँ, रिलीजें, विज्ञापन आदि

विभिन्न मंत्रालयों/विभागों द्वारा भेजी जाने वाली सामग्री के आधार पर प्रेस विज्ञप्तियाँ प्रायः सूचना कार्यालय द्वारा ही मूल रूप में तैयार की जाती हैं। ऐसे मामलों में पत्र सूचना कार्यालय प्रेस विज्ञप्तियों/रिलीजों का हिंदी रूपांतर भी तैयार करता है। संबंधित मंत्रालय/विभाग को संबंधित सामग्री को हिंदी में भी भेजना चाहिए।

(च) प्रशासनिक और अन्य रिपोर्टें

प्रशासनिक और अन्य रिपोर्टें हिंदी और अंग्रेजी दोनों भाषाओं में जारी करने के लिए सन् 1955 में ही अनुदेश जारी कर दिये गये थे।

अब राजभाषा अधिनियम 1963 (संशोधित 1967) की धारा 3 (3) के उपबंधों के अनुसार दोनों भाषाओं में रिपोर्ट जारी की जानी आवश्यक है। यह बात सांख्यिकीय रिपोर्टों पर भी लागू होती है।

(छ) संसद के एक सदन या सदनों के समक्ष प्रस्तुत किये जाने वाले सरकारी कागज-पत्र

यह सुनिश्चित करना आवश्यक है कि सभी सरकारी कागज-पत्रों का हिंदी रूपांतर तैयार किया जाये और उनको अवश्य ही उनके अंग्रेजी पाठ के साथ-साथ संसद के किसी पटल पर रखा जाये। तथापि यदि किसी विशिष्ट मामले में, कुछ बहुत विशेष कारणों से, अंग्रेजी पाठ के साथ-साथ हिंदी रूपांतर प्रस्तुत करना संभव न हो तो अंग्रेजी पाठ प्रस्तुत करते समय राज्य सभा/लोक सभा के पटल पर एक संक्षिप्त विवरण प्रस्तुत किया जाये, जिसमें हिंदी रूपांतर साथ-साथ प्रस्तुत नहीं किये जाने के कारण बताये जायें। यह बात सांविधिक नियमों के संबंध में भी लागू होती है।

जैसे राजभाषा अधिनियम के साथ पहले भी स्पष्ट किया जा चुका है, फिर भी संक्षेप में राजभाषा अधिनियम 1963 (सं० 1967) की धारा 3 उपधारा 3 के अनुसार निम्नलिखित हिंदी तथा अंग्रेजी दोनों भाषाओं में होंगे :

(i) संकल्पों, साधारण आदेशों, नियमों, अधिसूचनाओं, प्रशासनिक या अन्य प्रतिवेदनों या प्रेस विज्ञप्तियों के लिए, जो केंद्रीय सरकार द्वारा या उसके किसी मंत्रालय, विभाग या कार्यालय द्वारा या केंद्रीय सरकार के स्वामित्व में के या नियंत्रण में के किसी निगम या कंपनी द्वारा या ऐसे निगम या कंपनी के किसी कार्यालय द्वारा निकाले जाते हैं या किये जाते हैं,

(ii) संसद के किसी सदन या सदनों के समक्ष रखे गये प्रशासानक तथा अन्य

प्रतिवेदनों और राजकीय कागज-पत्रों के लिए,

(iii) केंद्रीय सरकार या उसके किसी मंत्रालय, विभाग या कार्यालय द्वारा या उसकी ओर से या केंद्रीय सरकार के स्वामित्व में के या नियंत्रण में के किसी निगम या कंपनी द्वारा या ऐसे निगम या कंपनी के किसी कार्यालय द्वारा निष्पादित संविदाओं और करारों के लिए तथा निकाली गई अनुज्ञप्तिओं, अनुज्ञापत्रों, सूचनाओं और निविदा-प्ररूपों के लिए,

इसी अधिनियम की धारा 3 (4) के अनुसार यह सुनिश्चित कर लेना होगा कि यदि केंद्रीय सरकार का कोई कर्मचारी हिंदी या अंग्रेजी में से किसी एक ही भाषा में प्रवीण हो, तो वह अपना सरकारी कामकाज कर सकता है और केवल इस आधार पर कि वह दोनों भाषाओं में प्रवीण नहीं है, उसका कोई अहित नहीं होना चाहिए।

(ज) उपर्युक्त क्षेत्रों के अतिरिक्त निम्नलिखित के लिए भी हिंदी-अंग्रेजी का प्रयोग किया जाये

1. सरकारी समारोह के लिए निमंत्रण-पत्र, फार्म, सील, रबड़ की मोहर, नाम-पट्ट और लैटरहेड।
2. (क) मंत्रालयों विभागों द्वारा आयोजित सम्मेलनों, बैठकों में लगाये जाने वाले साइनबोर्ड,

   (ख) इमारतों, समिति और सम्मेलन कक्षों आदि में स्थायी साइनबोर्ड।
3. अखिल भारतीय स्तर के लिए अथवा हिंदी-भाषी क्षेत्रों के लिए जारी किये जाने वाले सरकारी विज्ञापन।
4. कोड, मैनुअल, प्रक्रिया साहित्य तथा नियमों/विनियमों आदि के संकलन।
5. (क) अखिल भारतीय सम्मेलन तथा जिन सम्मेलनों में हिंदी-भाषी राज्यों के मंत्री और गैर-सरकारी सदस्य भी भाग ले रहे हों; और

   (ख) हिंदी से संबंधित मामलों पर होने वाले जिन सम्मेलनों में गैर-सरकारी व्यक्ति आमंत्रित हों उनकी कार्यसूची की टिप्पणियाँ और कार्यवृत्त।
6. परामर्श समितियों के लिए सारांश तथा मंत्रिमंडल के लिए टिप्पणियाँ।

नोट : 1. अंग्रेजी का ही प्रयोग करें :

केंद्रीय सरकार के कार्यालय से 'ग' क्षेत्र के किसी राज्य या संघ राज्य क्षेत्र को अथवा ऐसे राज्य/संघ राज्य क्षेत्र में (केंद्रीय सरकार के

कार्यालय से भिन्न) किसी कार्यालय या व्यक्ति को पत्रादि में केवल अंग्रेजी का प्रयोग किया जाये।

2. **क-क्षेत्र से तात्पर्य** : बिहार, हरियाणा, हिमाचल प्रदेश, राजस्थान, मध्य-प्रदेश और उत्तर प्रदेश तथा दिल्ली संघ राज्य क्षेत्र।

ख-क्षेत्र से तात्पर्य : गुजरात, महाराष्ट्र और पंजाब राज्य तथा अंडमान और निकोबार द्वीप समूह तथा चंडीगढ़ संघ राज्य क्षेत्र।

ग-क्षेत्र से तात्पर्य : 'क' तथा 'ख' के अतिरिक्त शेष भारत।

3. हिंदी में टिप्पण और आलेखन

अंग्रेजी के अतिरिक्त हिंदी के प्रगामी प्रयोग के संबंध में सन् 1961 ई० में सचिवालय के ऐसे चुने हुए अनुभागों में जहाँ कर्मचारियों को हिंदी का कार्यसाधक ज्ञान हो, फाइलों पर नोटिंग (टिप्पण) में प्रयोगात्मक आधार पर प्रयोग प्रारंभ किया गया। इसके लिए मंत्रिमंडल के अनुमोदन से दिनांक 27.3.61 को का० ज्ञापन निकाला गया। यह भी अनुभव किया गया कि आरंभ में उन फाइलों पर हिंदी टिप्पण सुविधाजनक तथा लाभदायक हुआ जो हिंदी पत्र-व्यवहार से संबंधित थीं।

कुछ समय बाद यह भी स्पष्ट किया गया था कि जिन अनुभागों में अधिकांश सहायक/लिपिक हिंदी नहीं जानते, यदि उनमें हिंदी टिप्पण की अनुमति दी गयी तो असुविधाएँ खड़ी हो सकती हैं। यद्यपि अन्य मंत्रालयों और कार्यालयों को जाने वाली फाइलों में टिप्पण के लिए हिंदी के प्रयोग पर प्रतिबंध नहीं है, पर जब तक मूल संदर्भ हिंदी में न हो, अधिक लाभ नहीं देखा गया।

उपर्युक्त स्थिति में 26 जनवरी, 1965 के बाद बिल्कुल परिवर्तन आ गया। संविधान के उपबंध 343 के अनुसार हिंदी संघ की राजभाषा बन गयी। यद्यपि राजभाषा अधिनियम 1963 की धारा 3 (1) 'संघ के उन सभी सरकारी प्रयोजनों के लिए अंग्रेजी भाषा का प्रयोग जारी रखा जाये जिसके लिए वह 26 जनवरी, 1965 से तत्काल पूर्व प्रयुक्त होती रही थी।' के अनुसार प्रत्येक कर्मचारी हिंदी तथा अंग्रेजी में टिप्पणी लिखने या मसौदा प्रस्तुत करने के लिए स्वतंत्र है। इस संदर्भ में सन् 1968 में ये अनुदेश जारी किये गये कि

(i) कोई कर्मचारी टिप्पण या आलेखन के प्रयोजन के लिए हिंदी अथवा अंग्रेजी का प्रयोग कर सकता है और उसे स्वयं अनुवाद करने के लिए नहीं कहा जाना चाहिए।

(ii) जहाँ किसी टिप्पणी या पत्र को सरल या छोटा होने के कारण वैयक्तिक कर्मचारी वर्ग या अन्य कर्मचारी उसको जबानी या अन्य प्रकार से

समझा सकते हों, उन स्थितियों के अतिरिक्त, कर्मचारी को संबंधित टिप्पणी या पत्र में प्रयुक्त भाषा का कार्यसाधक ज्ञान न होने पर अनुवाद या सारांश उपलब्ध कराया जाना चाहिए।

वरिष्ठ अधिकारियों को टिप्पणी लिखने में सहायता हो इस बात को ध्यान में रखकर गृह मंत्रालय ने सन् 1969 में छोटे-छोटे वाक्यांश परिचालित किये। अवर सचिव अथवा उससे ऊपर के हिंदी जानने वाले अधिकारियों में से इन वाक्यांशों का प्रयोग करने वाले अधिकारियों की संख्या जानने के लिए हिंदी के प्रयोग की तिमाही प्रगति रिपोर्ट के प्रोफार्मा में उसके अनुसार संशोधन किया गया।

कालांतर में सन् 1971 में इस आशय का ज्ञापन जारी किया गया कि सभी मंत्रालयों और विभागों को यह प्रयत्न करना चाहिए कि जिन विभागों में 80 प्रतिशत या अधिक व्यक्ति हिंदी जानते हैं, वहाँ अधिकांश काम हिंदी में ही किया जाये। मंत्रालयों से यह भी अनुरोध किया गया कि वे जिन अनुभागों में अधिकांश कर्मचारी हिंदी जानते हैं उनके अनुभाग अधिकारियों और शाखा अधिकारियों से आग्रह करें कि इन अनुभागों में अधिक-से-अधिक कार्य हिंदी में ही हो।

यहाँ यह उल्लेखनीय है कि इन बहुप्रयुक्त दैनिक टिप्पणियों को स्वयं सीखने की दृष्टि से इस पुस्तक के लेखक (डॉ० कैलाशचन्द्र भाटिया) के निर्देशन में श्री जयपाल सिंह, डॉ० ओंकारसिंह देवल तथा भागीरथसिंह शेखावत द्वारा सर्वथा नवीन पद्धति प्रोग्राम्ड लर्निंग (अभिक्रमित अध्ययन) पर सन् 1975 में तैयार किये गये। इन दो प्रोग्रामों को राजभाषा विभाग ने 'नेत्री कार्यालय टिप्पणियाँ—भाग-एक' (सन् 1977) तथा भाग-दो (सन् 1978) में प्रकाशित किया। इस सीरीज में आगे कुछ प्रोग्राम तैयार हैं पर प्रकाशित नहीं हो सके। इस पुस्तिका के प्रथम भाग के प्रकाशन पर राजभाषा विभाग के सचिव श्री रमाप्रसन्न नायक ने प्रस्तावना (दिनांक 26.1.1977) में ये उद्‌गार व्यक्त किये :

"लालबहादुर शास्त्री राष्ट्रीय प्रशासन अकादमी, मसूरी के भाषा विभाग ने यह पुस्तिका इस उद्देश्य से तैयार की है कि अधिकारीगण विशेषतया अहिंदी-भाषी अधिकारी फाइलों पर हिंदी में अपने नोट इत्यादि सरलता से लिख सकें। इसके तैयार करने में बिल्कुल नयी शिक्षण पद्धति का प्रयोग किया गया है। इस प्रोग्राम को व्यवहार में भी लाया गया है और अनुभव के आधार पर इसमें जरूरी संशोधन भी कर दिये गये हैं। राजभाषा विभाग ने सोचा कि इस पुस्तिका से हिंदी के अधिकाधिक प्रयोग में सहायता मिलेगी और इसीलिए वह इसका प्रकाशन कर रहा है।"

राजभाषा-नियम 1976 के पैरा 8 में केंद्रीय सरकार के कार्यालयों में टिप्पणों के लिखे जाने के संबंध में इस प्रकार प्रावधान किया गया है :

1. कोई कर्मचारी किसी फाइल पर टिप्पण या मसौदा हिंदी या अंग्रेजी में लिख सकता है और उससे यह अपेक्षा नहीं की जायेगी कि वह उसका अनुवाद दूसरी भाषा में प्रस्तुत करे।
2. केंद्रीय सरकार का कोई भी कर्मचारी, जो हिंदी का कार्यसाधक ज्ञान रखता है, हिंदी में किसी दस्तावेज के अंग्रेजी अनूवाद की माँग तभी कर सकता है, जब वह दस्तावेज विधिक या तकनीकी प्रकृति का है, अन्यथा नहीं।
3. यदि यह प्रश्न उठता है कि कोई विशिष्ट दस्तावेज विधिक या तकनीकी प्रकृति का है या नहीं, तो विभाग या कार्यालय का प्रधान उसका विनिश्चय करेगा।
4. उपनियम (1) में किसी बात के होते हुए भी केंद्रीय सरकार, आदेश द्वारा ऐसे अधिसूचित कार्यालयों को विनिर्दिष्ट कर सकती है जहाँ ऐसे कर्मचारियों द्वारा, जिन्हें हिंदी में प्रवीणता प्राप्त है; टिप्पण, प्रारूपण और ऐसे शासकीय प्रयोजनों के लिए, जो आदेश में विनिर्दिष्ट किये जायें, केवल हिंदी का प्रयोग किया जायेगा।

4. टिप्पण और आलेखन की भाषा

गृह मंत्रालय ने सन् 1972 तथा 1973 में सरकारी कामकाज में बोलचाल की हिंदी के प्रयोग पर विशेष बल दिया। यह बात स्पष्ट की गयी थी कि हिंदी में टिप्पण तथा आलेखन आदि में सरल भाषा का प्रयोग किया जाय और हिंदी में लिखने की आदत को प्रोत्साहन देने की दृष्टि से प्रयोग करने वाले को हिंदी शब्दावली का पूरा ज्ञान नहीं होने की स्थिति में यदि देवनागरी लिपि में लिखे हुए अंग्रेजी के शब्दों का प्रयोग किया जाय तो उसमें कोई आपत्ति न होगी।

सरकारी कामकाज में हिंदी पदनामों तथा तकनीकी शब्दावली का प्रयोग करने वाले कर्मचारी भविष्य में कुछ समय तक पदनामों तथा तकनीकी शब्दावली का अंग्रेजी रूपांतर (कोष्ठकों में देवनागरी लिपि में) भी दे दें, क्योंकि ऐसा करने से उन अधिकारियों को सुविधा होगी जो हिंदी पदनामों आदि से भली भाँति परिचित नहीं हैं।

सरलता से तात्पर्य : किसी भाषा की सरलता पर कई आयामों पर विचार किया जा सकता है। भाषा की ध्वनियाँ सुस्पष्ट हों तथा उच्चरित करने में सरलता हो, आक्षरिक संरचना में बहुप्रयुक्त साँचे अधिक आसान हों, शब्दों में स्पष्टता हो, साथ ही अर्थच्छटाओं को अभिव्यक्त करने की क्षमता हो, पदबंध में

अर्थव्यंजकता हो और उपवाक्यों में ऐसा गठन हो कि वाक्य-संरचना सरल तथा स्पष्ट हो । जब हम भाषा की सरलता की बात करते हैं तो उसमें ये सभी तत्त्व समाहित हो जाते हैं । आज अनुवाद के कारण वाक्य-गठन में जटिलता आती जा रही है। हिंदी स्वभाव से सरल भाषा है और सरलता की ओर निरंतर उन्मुख है । फिर भी आज जब हम सरलता की बात करते हैं या सरल बनाने की कहते हैं तो उससे तात्पर्य है कि भाषा को एक ओर बोझिल शब्दों से बचाया जाये तो दूसरी ओर अटपटे शब्दों से । अगर हिंदी को कामकाज की भाषा बनाना है तो 'सरल हिंदी' का प्रयोग होना चाहिए। कठिन शब्दों के प्रयोग से ही भाषा में स्वाभाविकता नहीं रहती । मात्र कठिन शब्दों से ही भाषा जटिल नहीं होती वरन् जटिल, उलझे, अस्पष्ट व लम्बे वाक्यविन्यास से भाषा में जटिलता आ जाती है । आज अनुवाद पर आश्रित भाषा और भी बेतुकी होती जा रही है जिसे आम आदमी आसानी से नहीं समझ पाता । जब किसी अनुच्छेद का आशय समझ में नहीं आता तो भाषा कठिन कही जायेगी । समय-समय पर साहित्य में हिंदी भाषा की कई शैलियाँ चलती रही हैं और आगे भी चलती रहेंगी ।

'सरलता' एक सापेक्षिक शब्द है । एक संदर्भ में जो सरल है, दूसरे संदर्भ में कठिन हो सकता है । एक क्षेत्र में जो शब्द सरल है, दूसरे क्षेत्र में वही कठिन हो जाता है । क्षेत्र ही नहीं, एक ही नगर वाराणसी में प्रसाद और प्रेमचंद दो भिन्न प्रकार की शैलियों का प्रयोग करते रहे। यहाँ तेलुगु हिंदी के प्रकांड पंडित डॉ० पांडुरंग राव के विचार उद्धृत करना चाहता हूँ :

> "आजकल सरल हिंदी के संबंध में काफी चर्चा हो रही है और इस संबंध में जनसाधारण में और शिक्षित समाज में भी काफी मतभेद है । उत्तर में जिस भाषा को सरल या आसान समझा जाता है, वह दक्षिण के पढ़े-लिखे आदमी के लिए दुर्बोध बन जाती है । संस्कृतनिष्ठ भाषा समझने में किसी को सुविधा होती है तो किसी को उर्दू के रोजमर्रे की ताजगी में अधिक आनंद आता है। प्रत्येक व्यक्ति का अपना पर्यावरण होता है। भाषा भी पर्यावरण का एक अंग है । अपनी मातृभाषा के जिस पर्यावरण में एक व्यक्ति पलता है, उसी को लेकर वह दूसरी भाषा के क्षेत्र में प्रवेश करता है ।"

(राजभाषा भारती, अंक 25 से साभार)

राजभाषा विभाग के सचिव और भारत सरकार के हिंदी सलाहकार श्री रमाप्रसन्न नायक ने 17 मार्च 1976 को सरल हिंदी के व्यापक प्रचार-प्रसार के लिए परिपत्र प्रचारित किया :

जैसा कि इसके पहले भी कई बार कहा जा चुका है, सरकारी कामकाज में

इस्तेमाल की जाने वाली हिंदी सरल और सुबोध होनी चाहिए, जटिल और बोझिल नहीं। इस संबंध में नीचे लिखे मुद्दों को ध्यान में रखना उपयोगी होगा :

(i) क्या नोट लिखने में और क्या पत्र लिखने में, सरल हिंदी का ही प्रयोग किया जाना चाहिए ताकि उसे सभी आसानी से समझ सकें। अपनी बात दूसरों तक पहुँचाने के लिए सिर्फ इतना ही काफी नहीं है कि लिखने वाला खुद समझ सके कि उसने क्या लिखा है; जरूरी तो यह है कि पढ़ने वाले की भी समझ में आ जाये कि आखिर लिखने वाला कहना क्या चाहता है।

(ii) सरकारी काम में आमफहम शब्दों का ही ज्यादा से ज्यादा उपयोग किया जाना चाहिए और लिखते वक्त दूसरी भाषाओं के प्रचलित शब्दों का उपयोग करने में जरा भी हिचक नहीं होनी चाहिए।

(iii) जहाँ कहीं भी यह लगे कि पढ़ने वाले को हिंदी में लिखे किसी तकनीकी शब्द या पदनाम (डेजिग्नेशन) के समझने में कठिनाई हो सकती है, वहाँ उस शब्द का पदनाम के सामने कोष्ठक में अंग्रेजी रूपांतर भी लिख देना उपयोगी होगा।

सारांश रूप में कहा गया कि 'हिंदी लिखते वक्त हिंदी लिखने की कोशिश करें; न तो संस्कृत और न देवनागरी लिपि में अंग्रेजी ही। कहने का मतलब है कि हिंदी का वाक्यविन्यास उसकी प्रकृति के अनुसार ही होना चाहिए।' आज सरकारी भाषा को कामकाजी बनाना है जिससे वह अधिक से अधिक लोकप्रिय हो सके। हिंदी के प्रचार-प्रसार में भी सरल भाषा सहायक सिद्ध होगी।

अध्याय 6

यांत्रिक साधन

अब यह निर्विवाद है कि किसी भी भाषा के प्रयोग, प्रचार और प्रसार में यांत्रिक सुविधाएँ अनिवार्य हैं। अब तक जितने भी साधन अंग्रेज़ी को उपलब्ध थे, वे सभी राजभाषा विभाग के सतत प्रयत्न तथा प्रयास से हिंदी तथा देवनागरी लिपि को उपलब्ध हो गये हैं।

(क) देवनानागरी टाइपराइटर

(1) **साधारण** : देवनागरी में टाइपराइटर वर्षों से बनते रहे हैं। काफ़ी समय पूर्व कुंजीपटल का मानकीकरण किया जा चुका है। इस बात का प्रयत्न भी किया जा रहा है कि देश में एक जैसे कुंजीपटल का ही निर्माण हो और माँग के अनुरूप उत्पादन हो सके। इन टाइपराइटरों के निर्माण में रेमिंग्टन, गोदरेज, रायला, फैसिट एशिया आदि कंपनियाँ जुटी हुई हैं। जिन कंपनियों को टाइपराइटर बनाने के आशयपत्र जारी किये गये उनमें यह शर्त लगा दी गयी है कि ये कंपनियाँ वार्षिक उत्पादन में पचास प्रतिशत भारतीय भाषाओं के कंजीपटल वाले टाइपराइटर भी बनायेंगी। अब स्थिति पर्याप्त संतोषजनक है, क्योंकि अक्षरों के फ़ेस को सुधारने तथा मशीन को अद्यतन सुविधाओं से युक्त रखने के लिए निरंतर प्रयत्न किये जाते हैं।

(2) **बिजली-चालित** : इस प्रकार के टाइपराइटर कई वर्ष पूर्व आई० बी० एम० कंपनी द्वारा विदेशों में बनाये जाते थे और भारत के कई कार्यालयों/कंपनियों/संस्थानों में इनका प्रयोग होता था। जब इनके आयात पर रोक लगा दी गयी तो यह निर्णय लिया गया कि हिंदुस्तान टेलीप्रिंटर, मद्रास इस प्रकार के टाइपराइटरों का निर्माण करे। इस संबंध में लेखक निरंतर राजभाषा विभाग के सचिव महोदय को लिखता रहा। इस संबंध में श्री रमाप्रसन्न नायक, सचिव, राजभाषा विभाग ने 29-12-1976 के पत्र द्वारा सूचित किया :

"देवनागरी में इलेक्ट्रिक टाइपराइटर बनाने का काम हिंदुस्तान टेलिप्रिंटर्स

लिमिटेड, मद्रास ने शुरू कर दिया है; लेकिन चूँकि इसी बीच हिंदी टाइपराइटर के डिज़ाइन में भी परिवर्तन आवश्यक हो गया है, मैं अगले माह मद्रास जाऊँगा तथा डिजाइनरों से इस संबंध में विचार-विमर्श करूँगा। उसके बाद उसका उत्पादन शुरू कर दिया जायेगा।"

एक दशक के सतत प्रयासों के फलस्वरूप आशा है कि इस वर्ष इस प्रकार के टाइपराइटर बाजार में आ जायेंगे। फ़ीजी में इस प्रकार के टाइपराइटर काफ़ी समय से प्रचलन में हैं।

(3) **इलैक्ट्रोनिक :** इस प्रकार के टाइपराइटर इलेक्ट्रिक से भिन्न हैं क्योंकि इनमें मेमोरी भी होती है जिसको प्रदर्शित भी किया जा सकता है। प्रत्यक्ष टंकित रूप देखने से अशुद्धियों का ज्ञान होता है। इन अशुद्धियों को तुरत-फुरत दूर करके फिर से टाइप किया जा सकता है। 'डेजी ह्वील' की सहायता से अक्षरों के विभिन्न प्रकार के 'फ़ेस' को टाइप किया जा सकता है। इस प्रकार के टाइपराइटर से रिपोर्ट व चार्ट आसानी से बनाये जा सकते हैं। इससे कम समय में अधिक टाइप किया जा सकता है। जिन पतों पर निरंतर पत्र भेजने होते हैं, वे पूर्ववत् मेमोरी में विद्यमान रहते हैं, जिनमें से किसी को भी बिना प्रयास टंकित किया जा सकता है। रोमन तथा देवनागरी (हिंदी) में द्विभाषी रूप में इलैक्ट्रोनिक टाइपराइटर अब बाजार में उपलब्ध है।

(4) **पिन-प्वाइंट :** इस प्रकार के टाइपराइटरों का प्रयोग चेक, बैंक ड्राफ्ट, लाइसेंस आदि को बनाने के लिए किया जाता है। छोटे बिन्दुओं से बने अक्षर/संख्याएँ टाइप होती हैं। पहले ये केवल रोमन में ही उपलब्ध थे, अब नागरी लिपि में उत्पादन होने लगा है जिससे चेक, ड्राफ्ट आदि बनाने में सुविधा बढ़ेगी। गोदरेज एवं रायला कंपनियाँ इस प्रकार के टाइपराइटर बना रही हैं।

(5) **वेरी :** ऐसे टाइपराइटर में गेंद जैसे गोलों पर बने विभिन्न प्रकार के अक्षरों से तरह-तरह की लिखाई में सामग्री टाइप की जा सकती है और उसकी फ़ोटो लेकर अथवा रोटा प्लेट पर टाइप करवाकर कई हजार प्रतियाँ निकाली जा सकती हैं। अभी ये टाइपराइटर बाजार में नहीं हैं पर प्रकारांतर से इलैक्ट्रोनिक टाइपराइटर में यह सुविधा उपलब्ध हो गई है।

(6) **बुलेटिन :** रेलवे आरक्षण चार्ट रोमन के मोटे टाइपवाले बुलेटिन टाइपराइटरों से टंकित किये जाते हैं। राजभाषा विभाग तथा पूर्ति तथा व्ययन महानिदेशालयों के प्रयत्नों से अब गोदरेज कंपनी ने हिंदी-देवनागरी में ऐसे टाइपराइटर बनाना प्रारंभ कर दिया है। अब इससे रेलवे के आरक्षण चार्ट रोमन जैसे देवनागरी में बनाये जा सकेंगे।

(7) **इलीट :** इस प्रकार के टाइपराइटर में एक इंच की जगह में बारह अक्षर बनते हैं। राजभाषा विभाग प्रयत्नशील है कि इस प्रकार का टाइपराइटर

भी शीघ्र बन जाये । इस प्रकार के टाइपराइटर बनाने वाली कंपनियों से संपर्क किया जा रहा है। यदि देवनागरी में ऐसे टाइपराइटरों की माँग बढ़ती है तो निर्माण में कोई कठिनाई नहीं आयेगी । रेमिंग्टन और गोदरेज इस प्रकार के टाइपराइटर बनाने पर विचार कर रही हैं।

(ख) पतालेखी मशीन

अनेक बड़े कार्यालयों में काफ़ी बड़ी संख्या में पत्र भेजे जाते हैं । पत्रों के लिफ़ाफ़े पर हिंदी में पते लिखने के लिए पतालेखी मशीन का निर्माण किया जा चुका है । इस मशीन के द्वारा पतों की विवरणियाँ, सूचियाँ, बिजली तथा पानी के बिल, बीमा परिपत्र, रेल वैगनों के लेबिल, पहचान टोकन देवनागरी-हिंदी में तैयार किये जा सकते हैं । इसका प्रयोग प्रारंभ हो चुका है ।

(ग) मुद्रण

मुद्रण का क्षेत्र बहुत विशाल है। अब फोटो कंपोजिंग का युग है जिसमें कुछ मिनट में कार्य सम्पन्न किया जा सकता है। आधुनिकतम मशीनें हिंदी (देवनागरी) में कार्य के लिए बन रही हैं । कंपोजिंग के लिए मोनो, लाइनो टाइप मशीनें काफ़ी समय से उपलब्ध हैं । ऐसी मशीनें भारत सरकार के बड़े-बड़े मुद्रणालयों तथा कई गैर-सरकारी प्रेसों में लग चुकी हैं । कुछ प्रेस ऐसे हैं जो केवल फ़ोटो कंपोजिंग के कार्य में ही निष्णात हो गये हैं। भारत सरकार तक अपना कार्य ऐसे प्रेसों से करवाती है । 'भारतीय भाषा कोश' (चौदह भाषाओं में)-1984 ई० का मुद्रण राज प्रिंटिंग वर्क्स, चाँदनी चौक दिल्ली द्वारा संपन्न किया गया । इस कोश के लिए आधार सामग्री का पुनरीक्षण लेखक द्वारा संपन्न किया गया । कुछ समय पूर्व तक भारत सरकार के प्रेसों में हिंदी मुद्रण की क्षमता 400 पृष्ठ प्रतिदिन थी जो अब बढ़कर 1500 पृष्ठ प्रतिदिन हो गई है । कई नये मुद्रणालय स्थापित किये जा रहे हैं।

(घ) पुलिस बेतार

पुलिस बेतार द्वारा हिंदी में निदेश भेजने के लिए गृह मंत्रालय (पुलिस बेतार) की ओर से विशेष प्रयत्न किया गया है । इस संबंध में कुछ विशेष पदों का सर्जन हुआ है। विश्वास है कि यह कार्य भी हिंदी (देवनागरी) में संपन्न हो सकेगा।

(ङ) टेलीप्रिंटर

देवनागरी में इलेक्ट्रिक टेलीप्रिंटर काफ़ी समय से उपलब्ध था, अब इलैक्ट्रोनिक टेलीप्रिंटर के कार्य में भी तेजी आ गयी है। हिंदुस्तान टेलीप्रिंटर, मद्रास द्वारा बनाये जाने वाले इलैक्ट्रोनिक टेलीप्रिंटर में देवनागरी कुंजीपटल का डिजाइन तैयार

हो चुका है। राजभाषा विभाग के संयुक्त सचिव इस संबंध में विशेष प्रयत्नशील हैं। प्रेस कमीशन को भी सूचित किया गया था (संचार मंत्रालय द्वारा) कि इसका निर्माण शीघ्र होगा। यह प्रयत्न किया जा रहा है कि आठ बिट वाले द्विभाषी टेलीप्रिंटरों (इलैक्ट्रोनिक) का निर्माण शीघ्र हो।

(च) कंप्यूटर

इलैक्ट्रोनिकी विभाग ने इस संबंध में नीति-निर्धारण सन् 1984 में किया कि विदेश-देश से खरीदे हुए सभी कंप्यूटरों के इनपुट/आउटपुट को द्विभाषी रूप में बनाने के शीघ्र प्रयत्न किये जायेंगे। अब तो कंप्यूटर में देवनागरी लिपि का प्रयोग संभव है, पर सर्वप्रथम इसके प्रयोग का नमूना हैदराबाद के इलैक्ट्रोनिकी कारपोरेशन आफ़ इंडिया ने प्रस्तुत किया। बाद में इसका प्रदर्शन संसदीय राजभाषा समिति के समक्ष किया गया। मार्च सन् 1978 में अखिल भारतीय राजभाषा सम्मेलन के अवसर पर विज्ञान भवन में इसका नमूना प्रस्तुत किया गया। नवंबर-दिसंबर, 1982 में एशियाई खेलों के उद्‌घाटन समारोह तथा समापन के अवसर पर नेहरू स्टेडियम के विशाल स्कोर बोर्ड पर अनेक विवरण हिंदी तथा अंग्रेजी में कंप्यूटर द्वारा प्रदर्शित किये गये।

द्विभाषी कंप्यूटर : डी० सी० एम० डाटा प्रोडेक्ट्स द्वारा निर्मित 'सिद्धार्थ' नामक द्विभाषी कंप्यूटर का प्रदर्शन विश्व हिंदी सम्मेलन (सन् 1983) के अवसर पर किया गया। पिलानी के बिड़ला तकनीकी संस्थान, आई० आई० टी०, कानपुर के प्रयत्नों से यह संभव हो सका है कि 'द्विभाषी टर्मिनल' का प्रोटोटाइप विकसित हो सका है। अब 'सिद्धार्थ' के अतिरिक्त अन्य कंप्यूटर भी उपलब्ध हो सकेंगे। इलैक्ट्रोनिकी विभाग और इलैक्ट्रोनिकी आयोग ने इस संबंध में अनेक प्रयास किये। इस दृष्टि से उल्लेखनीय नाम है—डॉ० ओमविकास। **'अनुवाद'** में इसका प्रयोग संभव है। इस संबंध में देखिये लेखक की पुस्तक **'अनुवाद सिद्धांत तथा प्रयोग'** (तक्षशिला प्रकाशन, नई दिल्ली-2)।

(छ) शब्द संसाधक

इस संबंध में 'सिद्धार्थ' तथा 'तिरुवल्लुर' द्विभाषी कंप्यूटरों के आने के बाद आशातीत सफलता तब मिली जब कंप्यूटर मेंटेनेंस कार्पोरेशन हैदराबाद के तत्त्वावधान में 'लिपि' नामक द्विभाषी संसाधक का प्रोटोटाइप तैयार कर दिखाया गया। इसमें हिंदी-अंग्रेजी के अतिरिक्त तमिल, तेलुगु, कन्नड़, गुजराती तथा मलयालम (पाँच भाषाओं) का समावेश कर लिया गया है। द्विभाषी (रोमन-देवनागरी) शब्द संसाधक 'सुलेख' का निर्माण 'सोफटेक' ने किया है। प्रारूप का प्रदर्शन (डिसप्ले) भी संभव है और 'प्रिंट कमांड' के द्वारा उसकी प्रतियाँ निकाली जा सकती हैं। यंत्र

की सहायता से बहुत-सी फ़ाइलों की सूचनाओं को समेकित रूप में प्रस्तुत किया जा सकता है। समेकित सूचनाओं को तेजी से और सहज रूप में आसानी से आवश्यक संपादन कर अभी प्रेषित किया जा सकता है।

उपर्युक्त विवरण से यह स्पष्ट हो गया है कि राजभाषा के रूप में हिंदी के बढ़ते चरण के साथ यांत्रिक साधन बढ़े हैं और अब इन सुविधाओं के साथ हम अधिक तीव्र गति से आगे बढ़ सकेंगे।

अध्याय 7

प्रशासन में हिंदी के प्रयोग से संबंधित व्यावहारिक कठिनाइयाँ—भाषिक पक्ष

'प्रशासन में हिंदी का प्रयोग हो'—इसके लिए केंद्रीय सरकार तथा हिंदी भाषा-भाषी राज्यों—उत्तर प्रदेश, बिहार, मध्य प्रदेश, हरियाणा, राजस्थान, हिमाचल प्रदेश, दिल्ली के अतिरिक्त गुजरात, पंजाब तथा महाराष्ट्र की सरकारें भी प्रयत्नशील हैं, क्योंकि उन्होंने केंद्र तथा हिंदी-भाषी राज्यों के साथ हिंदी में पत्राचार करना स्वीकार किया है। समय-समय पर इस कार्य में तेजी लाने के लिए केंद्र तथा राज्य सरकारों ने आदेश भी जारी किये हैं जिनमें से उल्लेखनीय आदेश राजपत्र के भाग 2 खंड 3 उपखंड (1) में प्रकाशित दिनांक 28-6-76 का है जिसके अनुसार संक्षेप में कार्यसाधक ज्ञान रखने वाले प्रत्येक कर्मचारी को हिंदी में कार्य करने के लिए प्रेरित किया गया है, लेकिन स्थिति में कोई उल्लेखनीय अंतर नहीं आया।

सरकारी कामकाज में हिंदी के प्रयोग में आने वाली कठिनाइयों का जायजा लेकर जो प्रारंभिक उपाय आज से लगभग 25 वर्ष पूर्व सुझाये गये, वे इस प्रकार हैं :

1. शब्दावली का निर्माण;
2. नियमों, मैनुअलों और कार्यविधि संबंधी साहित्य का अनुवाद:
3. यांत्रिक तथा अन्य सहायक उपायों का विकास;
4. प्रशासनिक कर्मचारियों का सेवाकालीन प्रशिक्षण;
5 अहिंदी-भाषी क्षेत्रों में हिंदी का विकास तथा प्रसार।

उक्त पाँच उपायों में से प्रथम 2 का संबंध भाषिक पक्ष से है। जहाँ तक शब्दावली के निर्माण का संबंध है, यह कार्य लगभग पूरा हो चुका है। अब हमें इसके आगे के पक्ष पर विचार करना है। शब्द-निर्माण की दृष्टि से सभी क्षेत्रों में प्रयुक्त होने वाले लगभग तीन लाख से अधिक शब्दों का निर्माण, चयन तथा प्रकाशन किया गया। अब इस शब्दावली पर प्रयोग की दृष्टि से विचार करना है

साथ ही संशोधन एवं परिष्कार करना है।

जहाँ तक अनुवाद-कार्य का पक्ष है, रक्षा-मंत्रालय, डाक-तार विभाग तथा रेल-मंत्रालय आदि अपने यहाँ की सामग्री का अनुवाद स्वयं कर रहे है।

सन् 1971 से गृह मंत्रालय के अधीन केंद्रीय अनुवाद ब्यूरो इस प्रकार का अनुवाद-कार्य कर रहा है। उससे पूर्व यह काम केंद्रीय हिंदी निदेशालय करता था। मैं समझता हूँ अब तक 2,50,000 से अधिक पृष्ठों का प्रशासनिक साहित्य का अनुवाद हो चुका है। राज्य सरकारों द्वारा किया गया अनुवाद इस कार्य से इतर है।

एकरूपता की समस्या

भारत सरकार के शिक्षा-मंत्रालय के अंतर्गत वैज्ञानिक तथा तकनीकी शब्दावली आयोग के तत्त्वावधान में प्रशासनिक शब्दावली का काम किया गया। प्रशासन संबंधी शब्दावली का प्रथम प्रारूप मुद्रित रूप में 15 जनवरी सन् 1965 को उपलब्ध हुआ क्योंकि 26 जनवरी 1965 को हिंदी को राज-भाषा का पद प्राप्त होना था। इस शब्दावली को भूमिका में आयोग के तत्कालीन सचिव डॉ० विश्वनाथ प्रसाद ने शब्दावली के निर्माण की पद्धति पर प्रकाश डालते हुए लिखा है :

इन शब्दों के हिंदी पर्यायों का निर्माण 27 अप्रैल, 1960 को दिये गये राष्ट्रपति के आदेश के अनुसार सरलता, संक्षिप्ति तथा सहज बोधगम्यता को दृष्टि में रखकर किया गया है और साथ ही विभिन्न क्षेत्रों में इन शब्दों के वर्तमान प्रचलन को भी ध्यान में रखा गया है। सबसे अधिक ध्यान इस महत्त्वपूर्ण नीति का रखा गया है कि इस शब्दावली में **सभी भारतीय भाषाओं के बीच अधिक-से-अधिक समरूपता की उपलब्धि की जा सके**।

बाद में यही शब्दावली सन् 1968 में 'समेकित प्रशासन शब्दावली' शीर्षक से संशोधित रूप में प्रकाशित हुई और अब इसका बृहत् संशोधित संस्करण सन् 1974 में प्रकाशित हुआ। इस शब्दावली के निर्माण में केंद्र को सभी राज्यों के प्रतिनिधियों से सहयोग प्राप्त हुआ था। इसके पीछे एक ही उद्देश्य था कि यह शब्दावली सभी राज्यों में एक समान रूप से प्रयुक्त हो; लेकिन यह उद्देश्य पूर्णतया प्राप्त नहीं किया जा सका क्योंकि हिंदी भाषा-भाषी राज्यों में अपने-अपने राज्य में प्रशासन संबंधी शब्दावली का निर्माण करना पहले ही शुरू कर दिया था। इसके पीछे अनेक कारण रहे हैं, उनमें से विभिन्न राज्यों द्वारा हिंदी को राज्य की राज-भाषा के रूप में अपनाने के लिए शब्दावली-निर्माण प्रधान कारण रहा। मध्य प्रदेश, बिहार, राजस्थान, उत्तर प्रदेश, हरियाणा आदि सभी राज्यों ने अपनी-अपनी शब्दावलियाँ प्रकाशित कीं।

इसके फलस्वरूप पर्याप्त शब्दों में एकरूपता का अभाव हो गया। एक ही तकनीकी शब्द के लिए विभिन्न संग्रहों में भिन्न-भिन्न शब्द सुझाये गये हैं। इसमें संदेह नहीं कि उत्तर प्रदेश सरकार की शब्दावली के 1971 में पुनः मुद्रण के समय राज्य के मुख्य सचिव ने प्रस्तावना में घोषणा की है : यह शब्दकोश मुख्यतः इस प्रदेश में प्रचलित प्रशासनिक शब्दों पर आधारित है, परंतु साथ ही हिंदी के सार्वदेशिक स्वरूप की एकरूपता की दृष्टि से भारत सरकार द्वारा परिनिश्चित शब्दों को प्राथमिकता प्रदान की गयी है।

वस्तुतः सभी राज्यों का यह प्रयास रहा कि शब्दावली के निर्माण में एकरूपता बनी रहे, फिर भी ऐसा नहीं हो सका। उदाहरणार्थ 'Gratuitous' के लिए केंद्र ने 'आनुग्रहिक' तथा 'मुफ्त' शब्द बनाए जो राजस्थान द्वारा स्वीकार किये गये, पर उत्तर प्रदेश ने इनके साथ 'निःशुल्क', बिहार ने 'अयाचित' और 'बेमांग' तथा मध्य प्रदेश ने 'निर्मूल्य' शब्दों को बढ़ा लिया। 'Grievance' के लिए केंद्र द्वारा स्वीकृत 'शिकायत' से केवल राजस्थान को छोड़ सभी राज्यों की शिकायत रही, फलतः उत्तर प्रदेश ने 'कष्ट', बिहार ने 'व्यथा' और मध्य प्रदेश ने 'दुःख' आदि शब्दों को बढ़ा दिया। 'Hall' के लिए केंद्रीय सरकार द्वारा स्वीकृत हाल/भवन को अपनाते हुए भी उत्तर प्रदेश ने 'सभा', बिहार ने 'प्रशाल' और मध्य प्रदेश ने 'बड़ा कमरा' आदि शब्दों को बढ़ा लिया। 'Homage' के लिए केंद्रीय सरकार द्वारा स्वीकृत 'श्रद्धांजलि' के साथ—उत्तर प्रदेश ने 'श्रद्धा', बिहार ने 'वश्यता अंगीकार' तथा मध्य प्रदेश ने 'भक्ति-भाव'/'निष्ठा-भाव' बढ़ा लिए। 'Implementation' के लिए केंद्र द्वारा स्वीकृत 'परिपालन/कार्यान्वयन' के साथ-साथ बिहार ने 'क्रियान्वित' और मध्य प्रदेश ने 'अमल/पूर्ति' बढ़ा लिये। 'Incentive' के लिए केंद्र द्वारा स्वीकृत 'प्रोत्साहन' को राजस्थान सरकार को छोड़कर अन्य राज्य सरकारों द्वारा अधिक प्रोत्साहन नहीं मिला और उत्तर प्रदेश ने इसके साथ 'उत्तेजना/प्रेरणा', बिहार ने 'बढ़ावा/उत्प्रेरणा' और मध्य प्रदेश ने 'उद्दीपक/उत्तेजक' आदि शब्दों की वृद्धि कर ली।

विभिन्न राज्यों में निर्मित 'शब्दावली' में ही अंतर नहीं वरन् सरकारी एजेंसियों (अभिकरण) में भी है, जैसे :

Abetment	लोकसभा	अनुत्तेजन
	विधि मंत्रालय	दुष्प्रेरण
	आकाशवाणी	उकसाना, उत्तेजना

इसके अतिरिक्त बिहार ने अवप्रेरणा, मध्य प्रदेश ने 'अभिप्रेरण' को प्रेरणा दी। यही एकरूपता का अभाव जब 'पदनामों तथा 'विभागीय नामों' में होता है तो स्थिति भयंकर हो जाती है और पत्र अपने निश्चित स्थान पर नहीं पहुँच

पाता। यहाँ कुछ उदाहरण द्रष्टव्य हैं :

Chainman	भारत सरकार	चैनमैन/ज़रीबी
	उत्तर प्रदेश	ज़रीबी
	बिहार	कड़ीपाल, चैनमैन
	असम	शिकदार शिकलिदार
	महाराष्ट्र	साखलीवाला
	संसद	शृंखला पुरुष/धारी
	मध्य प्रदेश	शृंखला पुरुष/शृंखलिक/ साँकल वाला
Designer	भारत सरकार	रूपकार/डिजाइनकार
	उत्तर प्रदेश	परिकल्पक
	बिहार	रूपांकक, अभिकल्पक, रूपका
	पंजाब	रूपांकक
	महाराष्ट्र	संकल्प चित्रकार
	मध्य प्रदेश	रूपांककार, रूपकार, डिजाइनकार
Maketing officer	भारत सरकार	पणन अधिकारी
	मध्य प्रदेश	विपणन अधिकारी
	महाराष्ट्र	पणन अधिकारी
	उत्तर प्रदेश	विक्रय अधिकारी
	बिहार	क्रय-विक्रय अफसर, विपणन अधिकारी
	गुजरात	खरीद-बेचाण अधिकारी

इसको ध्यान में रखकर शब्दावली का तुलनात्मक विवेचन करना आवश्यक एवं उपयोगी समझा गया। इस परियोजना का मुख्य उद्देश्य यह रहा कि केंद्र द्वारा स्वीकृत शब्दावली के साथ-साथ हिंदी-भाषी राज्यों द्वारा स्वीकृत शब्दावली कहाँ तक एक है और कहाँ तक भिन्न है।

हिंदी के सार्वदेशिक प्रयोग की दृष्टि से तो एकरूपता आवश्यक है ही पर य[illegible] नितांत आवश्यक है कि हिंदी-भाषी राज्यों में तथा केंद्र सरकार द्वारा स्वीकृ[illegible] शब्दावली में एकरूपता बनी रहे। केंद्र सरकार से भी अधिक राज्य सरकारों का यह दायित्व है कि यह एकरूपता किसी भी कारण से समाप्त न हो। अन्य राज्यों की अपेक्षा हिंदी-भाषी राज्यों का उत्तरदायित्व पर्याप्त भिन्न और अधिक महत्त्व-

पूर्ण है। हिंदी-भाषी राज्यों को जहाँ एक ओर केंद्र से समन्वय रखना है, वहाँ दूसरी ओर अन्य हिंदी-भाषी राज्यों से भी। यह प्रसन्नता का विषय है कि इस कार्य के लिए गृह मंत्रालय के केंद्रीय अनुवाद ब्यूरो के तत्वावधान में, 'समन्वय समिति' की स्थापना की जा चुकी है जिसकी प्रारंभिक तीन बैठकों में अनेक अंग्रेजी पदनामों के हिंदी पर्याय स्वीकृत किये गये हैं। हिंदी-भाषी राज्य एकरूपता की ओर आगे बढ़ेंगे और उन शब्दों का प्रयोग करने का आग्रह नहीं करेंगे जो सहज में छोड़े जा सकते हैं। साथ ही केंद्र सरकार भी राज्यों द्वारा स्वीकृत उन शब्दों को अपनायेगी जो सरल, सुस्पष्ट तथा सहज बोधगम्य हैं।

मेरा विश्वास है कि हिंदी शब्दावली की एकरूपता जहाँ अखिल भारतीय प्रशासन अधिकारियों को कार्य करने में सुविधा प्रदान करेगी, वहाँ हिंदी को जल्दी-से-जल्दी हिंदी-भाषी राज्यों तथा केंद्र में भी राजभाषा का पद दिलाने में सहायक सिद्ध होगी। भाषा में एकरूपता तथा सार्वदेशिकता का गुण और भी अधिक आवश्यक हो जाता है जबकि हम विधि क्षेत्र में हिंदी को राजभाषा का उत्तरदायित्व निभाने के लिए समर्थ बनाने की बात कहते हैं। इस दृष्टि से राजभाषा विधायी आयोग सक्रिय है। प्रयोग की दृष्टि से विभिन्न राज्यों में प्रयुक्त पदावली में एकरूपता होना अनिवार्य है अन्यथा पटना का अधिवक्ता इलाहाबाद में कैसे बहस कर सकेगा। आंध्र तथा केरल के विद्यार्थी उत्तर भारत में विधि का अध्ययन कर सकते हैं और कालांतर में अध्यापन भी। इस दृष्टि से संस्कृत के समान, पर भिन्न अर्थ वाले शब्दों को छोड़ना पड़ेगा।[1]

विधि का क्षेत्र काफी व्यापक तथा महत्त्वपूर्ण है जिस पर पृथक् संगोष्ठी की आवश्यकता है। यहाँ तो केवल यह उल्लेखनीय है कि जिस प्रकार निश्चितार्थता 'विधि' का गुण है उसके बिना काम ही नहीं चल सकता, Cancel, Rescind, Revoke, Repeal, Reverse, Setaside, Invalidate के लिए सामान्यत: 'रद्द करना' से काम चल जायेगा, पर विधि में क्रमश: 'रद्द करना, विखंडित करना, प्रतिसंहृत करना, निरसित करना, अपास्त करना, उलटना, अविधिमान्य करना' कहना/लिखना होगा। 'कमीशन' के लिए कहीं 'आयोग', कहीं 'कमीशन' (किसी कार्य को करने के लिए या शक्तियों का प्रयोग करने के लिए कोई आदेश या प्रधिकारी) और कहीं करना (अपराध आदि का) का प्रयोग करना ही वांछनीय

1.(अ) हिंदी भाषा-भाषी राज्य मिलकर अब इस समस्या के समाधान के लिए बैठक कर रहे हैं। इस दिशा में कई बैठकें संपन्न हो चुकी हैं। लेखक का इस दिशा में किया गया कार्य प्रकाशित हो चुका है, प्रशासनिक कोश, प्रभात प्रकाशन, दिल्ली-6।

(ब) प्रशासन शब्दावली में एकरूपता तया समन्वय का काम अब पुनः शब्दावली आयोग संपन्न कर रहा है।

होगा । विधि के क्षेत्र की शब्दों की निश्चित अर्थ-व्याप्ति तथा निश्चितार्थिता धीरे-धीरे दूसरे क्षेत्रों में भी प्रभाव डालेगी ।

अनुवाद की समस्या

वस्तुत: 'अनुवाद' दर्शनशास्त्र का शब्द है जो 'विधि तथा विहित के पुन: कथन' के लिए प्रयुक्त होता था । इसका मूल अर्थ 'पुन: कथन' होते हुए भी आज तो कोई भी विषय एक भाषा से दूसरी भाषा में व्यक्त करना मात्र अनुवाद है । अनुवाद एक प्रकार से विभिन्न भाषा-भाषी जनता के बीच एक सेतु है जिसके माध्यम से दूरी के अंतराल को पार किया जा सकता है । अनुवाद को दोनों भाषाओं की प्रकृति का पूरा-पूरा ज्ञान होना आवश्यक होता है साथ ही विषय की जानकारी भी । यदि अनुवादक को प्रभावी ढंग से कार्य करना है तो उसके लिए तत्संबंधी विषय का ज्ञान और प्रविधियों की जानकारी भी उतनी ही महत्त्वपूर्ण है जितनी भाषा की जानकारी ।

प्रशासन की भाषा के रूप में हिंदी का विकास निरंतर हो रहा है । इस समय प्रशासन में जिस हिंदी का प्रयोग हो रहा है वह मुख्यत: अनुवाद की भाषा है । वैसे मैं इसके पक्ष में नहीं हूँ कि हिंदी का विकास अनुवाद की भाषा के रूप में हो, पर प्रारंभ में इससे बचना मुश्किल है । प्रत्येक भाषा की अपनी प्रकृति होती है और प्रयोग के अनुसार वह अपना रूप स्थिर करती चलती है, पर वही रूढ़ प्रयोग जब अनुवाद के माध्यम से दूसरी भाषा में आता है तो पर्याप्त अटपटा लगता है । मूल भाषा में वह प्रयोग अस्वाभाविक नहीं लगता जबकि अनूदित होकर लक्ष्य भाषा में अटपटा लगता है, जैसे :

'दि अंडर साइंड इज़ डाइरेक्टेड टू से' के स्थान पर 'अधोहस्ताक्षरी को यह कहने का निदेश हुआ है ।' लिखना पर्याप्त अस्वाभाविक लगता है । मेरी राय में यह अनावश्यक है, जो भी आदेश/संदेश देना हो, उसे यदि सीधे ढंग से कह दिया जाये तो अधिक प्रभावी होगा ।

'शब्दावली' के अनुवाद की समस्या पर पहले कहा जा चुका है । यहाँ तो इतना संकेत पर्याप्त होगा कि एक ही शब्द के कठिन तथा बोझिल अनुवाद के स्थान पर सरल तथा स्पष्ट अनुवाद को अपनाना अधिक उपयोगी तथा लोकप्रिय होगा, जैसे 'अटेस्टेशन' के लिए 'अनुप्रमाणन' अथवा 'साक्ष्यांकन' के स्थान पर 'तसदीक करना' अपनाया जाये । अंग्रेजी के छोटे-से शब्द 'लेप्स' (लेप्सिग अव् डिपोजिट) के लिए 'व्यपगमन' का प्रयोग न कर 'बीत जाना', 'खत्म हो जाना', 'लय होना' आदि में से किसी एक को अपनाया जाये ।

शब्दश: अनुवाद बोझिल तथा अटपटा हो जाता है । इसके लिए उदाहरणों को कहीं से भी ढूँढ़ा जा सकता है : (1) उक्त नियम के अनुसरण में·· अधि-

सूचना को अधिक्रांत करते हुए...उक्त प्रस्तावों को एतद् द्वारा संभाव्यतः प्रभावित होने वाले लोगों की जानकारी के लिए एतद् द्वारा... (2) 'तत्समय यथाप्रवृत्त'।

इस उदाहरण में बड़ी आसानी से 'एतद्' 'अधिक्रांत' 'संभाव्यत:' से बचा जा सकता था। 'संभाव्यत:' के स्थान पर आसानी से और कोई शब्द नहीं तो 'संभवत:' रखा जा सकता है। 'तत्समय यथा प्रवृत्त' के स्थान पर 'उस समय जिस रूप में लागू हो।' लिखना चाहिए।

इस संदर्भ में दो बातों की ओर मैं विशेष रूप से बल देना चाहता हूँ :

1. अनुवाद के स्थान पर क्यों नहीं मौलिक लेखन प्रारंभ किया जाये, अन्यथा हिंदी जनजीवन में प्रवेश नहीं कर पायेगी। जिसको जितना ज्ञान है उसके आधार पर लिखे। अनुवाद के स्थान पर जहाँ नितांत आवश्यक हो, भाषा में सुधार किया जा सकता है। इस प्रक्रिया में केवल इतना होगा कि मूल लेखक की अपनी मातृभाषा (प्रादेशिक अथवा हिंदी की कोई उपभाषा) की शब्दावली, रूपरचना तथा वाक्य-विन्यास की छाया उस टिप्पणी/मसौदे में आ जायेगी। यह कोई खतरा नहीं, हिंदी की प्रकृति को सुरक्षित रखते हुए हमें इस प्रकार के प्रयोगों का स्वागत करना चाहिए।
2. जहाँ नितांत आवश्यक हो वहाँ अनुवाद करवाया जाये, लेकिन हिंदी भाषा की मूल प्रकृति को सुरक्षित रखा जाये। यह तब ही संभव है जब कि शब्दानुवाद के स्थान पर भावानुवाद को अपनाया जाये। जिसके लिए वाक्य के स्थान पर क्यों न जहाँ आवश्यक हो पूरा पैरा (परिच्छेद) लिया जाये और अनुवादक सहज तथा सरल भाषा में वह सभी बात कह दे जो उसमें कही गयी है। यह ध्यान रहे कि कोई आवश्यक बात/तथ्य छूट न जाये और अनावश्यक बात जड़ न गयी हो। ऐसी स्थिति में भाषा चुस्त तथा सुगठित होगी, वाक्य-रचना हिंदी की प्रकृति के अनुसार होगी। इस तथ्य की उपेक्षा भी नहीं कर सकते कि यह भाषा जनसाधारण के लिए बोधगम्य और सरल हो। लंबे-लबे वाक्यों को कम प्रयोग किया जाये।

अनुवाद के लिए सामान्य निर्देश

1. जिन शब्दों के स्थान पर क्लिष्ट तथा सरल दोनों शब्द प्राप्त हों तो उनमें से सरल को अपनाना चाहिए जब तक कि कोई विशेष भाव/अर्थच्छटा के लिए क्लिष्ट शब्द आवश्यक न हो।

2. जिन शब्दों का अर्थ व्यापक हो और उसके/उनके स्थान पर एक शब्द से

काम न चल सके तो पूरा-पूरा अर्थ समझाने के लिए एक से अधिक शब्दों का प्रयोग कर लेना चाहिए।

3. किसी गहन विचार को व्यक्त करने के लिए मूल भाषा में संयुक्त वाक्य हो और उसका लक्ष्य भाषा में निर्वाह किया जा सके तो प्रयत्न किया जाये अन्यथा उसे तोड़कर सरल वाक्यों में रख लेना अच्छा रहेगा।

4. चिह्न, संकेत, सूत्र तथा समीकरण का अनुवाद नहीं करना चाहिए।

5. अनुवाद परिवृत्ति : कहीं यह स्वाभाविक तथा कहीं-कहीं आवश्यक भी हैं, जैसे

(i) मूल में कर्तृवाक्य है जबकि लक्ष्य भाषा में अकर्तृवाक्य,
These rules provide that
इन नियमों में यह व्यवस्था की गयी है कि···

(ii) मूल में उपवाक्य अंत में हो सकता है। आवश्यक नहीं, लक्ष्य भाषा में उपवाक्यों का क्रम वही बना रहे। इसी प्रकार पदबंध के स्थान पर उपवाक्य, उपवाक्य के स्थान पर पदबंध का विपर्यय हो सकता है।

6. यह आवश्यक नहीं कि अंग्रेजी के किसी एक शब्द/पदबंध के स्थान पर हिंदी में एक ही शब्द/पदबंध का प्रयोग किया जाये। 'Case' के लिए विभिन्न संदर्भों में (1) विषय, प्रसंग, अवस्था, स्थिति, (2) मामला, मुकदमा, (3) कारक, (4) उदाहरण, (5) रोगी आदि हो सकते हैं। अंग्रेजी के 'Chief' के लिए कहीं अध्यक्ष, कहीं प्रधान, कहीं मुख्य, कहीं प्रमुख और कहीं महा का प्रयोग उचित होगा। 'Subject to...' के लिए कहीं 'के अधीन', कहीं 'ने पर', कहीं 'में', कहीं 'शर्त पर—बशर्ते' का प्रयोग वांछनीय होगा, जैसे :

(i) Subject to	···के अधीन
(ii) Subject to approval	अनुमोदन मिलने पर
(iii) Subject to confirmation	(अ) स्थायीकरण के अधीन (ब) पुष्टि के अधीन पुष्टि होने पर
(iv) Subject to jurisdiction	क्षेत्राधिकार में
(v) Subject to the condition that	इस शर्त पर/बशर्ते कि···
(vi) Subject to the observation of	···के पालन करने पर
(vii) Subject to the provision of	के उपबंधों के अधीन

टिप्पणी/मसौदा की भाषा का स्वरूप

सामान्यतः प्रशासन में फाइलों पर 'टिप्पणी' लिखी जाती है जिनमें सभी श्रेणी/कोटि के कर्मचारी होते हैं। ये टिप्पणियाँ आवश्यकतानुसार छोटी/बड़ी हो सकती हैं। इनमें लेखक की योग्यता के अनुसार भाषा के रूप तथा शैली-भेद हो सकते हैं। टिप्पणी/टिप्पणियों के आधार पर मसौदा तैयार होता है। ऐसी स्थिति में टिप्पणी की भाषा का सीधा उपयोग/मसौदे की भाषा पर पड़ता है। दोनों का एक-दूसरे से सीधा संबंध होता है। टिप्पणी/मसौदे की भाषा कैसी हो, इसको संकेत रूप में कहा जा सकता है कि :

(i) भाषा सरल, सुबोध और सहज हो।

(ii) संक्षिप्तता का ध्यान रखते हुए भी स्पष्टता होनी चाहिए।

(iii) किसी प्रस्ताव/सुझाव की आलोचना भी हो तो निष्पक्ष भाव से नपी-तुली संयत और विनीत भाषा में होनी चाहिए।

(iv) जब तक किसी प्रसंग में नितांत आवश्यक न हो, दुरूह तथा क्लिष्ट भाषा से बचना चाहिए।

(v) किसी तथ्य की पुष्टि में तर्कपूर्ण भाषा का प्रयोग होना चाहिए। न्यायोचित एवं पक्षपात रहित ढंग से तथ्यों को सरल भाषा में पेश करना चाहिए।

भाषागत शैली पर तीन प्रकार के मत हैं

(क) पहला मत उन लोगों का है जो पूर्णतः संस्कृतनिष्ठ भाषा का प्रयोग वांछनीय समझते हैं। अप्रचलित भारीभरकम शब्दों के प्रयोग की बहुलता रहती है।

(ख) दूसरे मत के अनुसार सामान्य हिंदी का प्रयोग होना चाहिए।

(ग) तीसरा मत इस बात का समर्थक है कि प्रारंभिक अवस्था में खिचड़ी भाषा का प्रयोग ही उचित है। हमें आम प्रचलित शब्दों का प्रयोग करना चाहिए। ये शब्द अंग्रेजी, या अन्य भाषा के हो सकते हैं।

आज आम राय तीसरे मत की ओर अधिक है। संस्कृतनिष्ठ तथा दुरूह शब्दों को अच्छा नहीं समझा जाता। हिंदी की प्रकृति भी संस्कृत से भिन्न है। ऐसी स्थिति में 'आदेशार्थ, सूचनार्थ' जैसे प्रयोगों के स्थान पर 'आदेश के लिए, 'सूचना के लिए' प्रयोग करना अधिक अच्छा है। इस संबंध में सरकारी नीति का स्पष्टीकरण करते हुए राजभाषा विभाग के सचिव श्री रमाप्रसन्न नायक ने 'हिंदी के बढ़ते चरण' में लिखा है कि "पारिभाषिक शब्दावली के फेर में न पड़कर अपनी बात दूसरों तक सहज ही पहुँचाने के उद्देश्य से लोगों को बेझिझक ऐसी जबान

इस्तेमाल करनी चाहिए, जिसमें रवानगी हो। अगर पारिभाषिक शब्द-ज्ञान हो तो क्या कहना, लेकिन अगर तुरंत पारिभाषिक शब्द याद न आये तब भी शब्द-सागर में गोता लगाने की जरूरत नहीं, बल्कि आम तौर पर प्रचलित अंग्रेजी, उर्दू आदि के शब्दों का बेधड़क प्रयोग किया जाये।

लिप्यंतरण तथा प्रतिलेखन की समस्या

अब समस्या इन अंग्रेजी के शब्दों के लिप्यंतरण की है। स्रोत भाषा की वर्तनी में प्रयुक्त अक्षरों के स्थान पर लक्ष्य भाषा में प्राप्त समध्वनीय अक्षरों के न मिलने पर लगभग समध्वनीय अक्षरों/निकट ध्वनीय अक्षरों का प्रयोग किया जाये, जैसे File के लिए 'फाइल'। यह भी देखना पड़ेगा कि स्रोत भाषा में वर्तनी तथा उच्चारण में कितना अंतर है। अधिक अंतर होने पर लिप्यंतरण के स्थान पर (वर्तनी पर ध्यान न देकर) उच्चारण को आधार मानकर लक्ष्य भाषा में उस उच्चारण के अनुरूप प्रतिलेखन होना चाहिए। जैसे Rousseau का लिप्यंतरण 'रूसी' होगा। इस दिशा में भी सक्रिय कदम उठाना चाहिए और कोई ऐसा कोश होना चाहिए जिसमें सभी प्रचलित तथा संभाव्य शब्दों के मानक लिप्यंतरण दिये हुए हों।

संक्षिप्त रूपों की समस्या

शब्द-निर्धारण/निर्माण के लिए जो सिद्धांत निर्धारित किये गये हैं उनमें सिद्धांत 18 के अनुसार शब्द किसी संयुक्त शब्द अथवा वाक्यांश के पदों को संक्षिप्त करके भी गढ़ा जा सकता है। इन संक्षिप्तियों के लिए अक्षर अथवा अलग-अलग वर्ण विशेषकर आदि वर्ग लिखे जा सकते हैं जैसाकि संक्षिप्त नामों में होता है। इस प्रकार के उदाहरण बस, रडार, यूनेस्को आदि सैकड़ों शब्द हैं। यह एक विस्तृत विषय है जिस पर मैंने काफी विस्तार से अध्ययन किया है। यहाँ शब्द की अपेक्षा पदनाम तथा नामों के संक्षिप्त रूप की ओर मैं ध्यान आकर्षित करना चाहता हूँ।

मुख्य समस्या यह है कि क्या संक्षिप्त रूप, अंग्रेजी के संक्षिप्त रूप के आधार पर हो अथवा हिंदी रूप के, जैसे :

Joint Secretary	JS ज० एस०
संयुक्त सचिव	सं० स० अथवा संस

अगर हिंदी पर्याय को मुख्य आधार माना जाये तो रेलवे के कुछ पदनामों का संक्षिप्त रूप इस प्रकार होगा :

वरिष्ठ मंडल परिचालन अधीक्षक	वमंपाधी
वरिष्ठ मंडल यांत्रिक इंजीनियर	वमंयाइंजी
वरिष्ठ मंडल सिगनल एवं दूर संचार इंजीनियर	वमंसिदूसंइंजी
सहायक कार्मिक अधिकारी	सकाधि

अंग्रेजी में तो सामान्य नियम है कि प्रथम वर्ण/अक्षर को ले लेते हैं। स्वरों को जोड़कर बनाने की यह प्रथा अब काफी प्रचलित हो गई है। क्या हिंदी में भी स्वरों की संधि की जाये? यदि हाँ, तो संधि-नियम क्या होंगे? हिंदी में जो संक्षिप्त रूप बनाये जा रहे हैं उनका कहाँ तक प्रचलन हो रहा है तथा कहाँ तक उच्चारण में सुविधानुसार बोले जा रहे हैं, इसका अध्ययन होना चाहिए। यही बात नामों के संक्षिप्त रूप के साथ भी है। रामचंद्र श्रीवास्तव को 'राचश्र' अथवा 'राचश्री' कह लिया जाये अथवा क्यों न 'रचश' मात्र। राजस्थान में किसी समय हिंदी में हस्ताक्षर करो अभियान चलाया गया था। अब समय आ गया है कि हमें इस संबंध में कोई निर्णय ले लेना चाहिए अन्यथा कालांतर में पुनः इसमें भी एक-रूपता की समस्या से उलझना पड़ेगा।

प्रेस नोट की सामग्री संक्षिप्त होनी चाहिए क्योंकि समाचार पत्र में स्थान का विशेष महत्त्व होता है। भाषा सगढ़ तथा चुस्त हो साथ ही संक्षिप्तता लाने की सभी विधियाँ अपनायी जायें। उस पाठक वर्ग का भी ध्यान रखा जाये जिसके लिए सूचना दी जा रही है।

यहाँ भाषिक पक्ष की कुछ समस्याओं की ओर आप सबका ध्यान केंद्रित किया गया है। व्यक्तिगत समस्याओं को हिंदी-भाषी तथा अहिंदी-भाषी दो हिस्सों में भी बाँटा जा सकता है। केंद्र के विभिन्न मंत्रालयों/विभागों तथा हिंदी-भाषी राज्यों के मध्य पत्राचार, दो हिंदी-भाषी राज्यों के मध्य पत्राचार, एक हिंदी-भाषी तथा दूसरे अहिंदी-भाषी राज्य के मध्य पत्राचार आदि इसके अनेक स्वरूप हो सकते हैं। यहाँ सामान्य समस्याएँ ही ली गई हैं कि निश्चित रूप से यह समस्या जटिल है और इसके अनेक पक्ष हैं। मुझे पूरा-पूरा ज्ञान है कि इन समस्याओं को सुलझाने के लिए केंद्रीय सरकार के राजभाषा विभाग, केंद्रीय अनुवाद ब्यूरो, केंद्रीय हिंदी निदेशालय, वै० त० शब्दावली आयोग, केंद्रीय हिंदी संस्थान, लाल बहादुर शास्त्री राष्ट्रीय प्रशासन अकादमी, मसूरी के अतिरिक्त केंद्रीय सचिवालय हिंदी परिषद्, साथ में हिंदी-भाषी राज्यों के भाषा निदेशालय/विभाग उल्लेखनीय तथा प्रशंसनीय कार्य कर रहे हैं, फिर भी अभी तक प्रशासनिक शब्दावली का बृहत् कोश, एक ही शब्द की विभिन्न अर्थच्छटाओं के साथ विभिन्न प्रयोगों से युक्त प्रयोग कोश, विभिन्न विभागों में काम आने वाली प्रयोजनमूलक हिंदी का स्वरूप तथा उसका रजिस्टर (प्रयुक्ति कोश), बहुप्रयुक्त टिप्पणियों को

दिखाने के लिए साँचों के आधार पर वर्गीकरण तथा अभिक्रमित अध्ययन के आधार पर स्वयं सीखने के लिए पुस्तिकाओं का निर्माण, मानक संक्षिप्त रूप, अनुवादकों का प्रशिक्षण, विभिन्न आलेखों/मसौदों के प्रतिरूप आदि ऐसे क्षेत्र हैं जिनकी ओर अविलंब ध्यान जाना चाहिए। हमें आशा है कि प्रशासकीय वर्ग स्वेच्छा से ही जनतंत्र को सफल बनाने के लिए जनता की भाषा का प्रयोग करेगा।

अध्याय 8

वर्तमान स्थिति

संघ सरकार के अतिरिक्त उत्तर प्रदेश, बिहार, मध्य प्रदेश, राजस्थान, हरियाणा, हिमाचल प्रदेश राज्यों तथा केंद्रशासित प्रदेश दिल्ली ने हिंदी को राजभाषा के रूप में मान्यता दे रखी है। उत्तर प्रदेश ने अक्टूबर 1947 ई० में विधान परिषद् में एक प्रस्ताव पारित कर राजभाषा के रूप में हिंदी को मान्तता दे दी थी और बाद में 26-1-1950 को भारत का संविधान लागू होने पर संविधान के अनुच्छेद 348 (3) के अंतर्गत उत्तर प्रदेश विधान मण्डल की भाषा भी हिंदी को बना दिया गया। बाद में भी कई अधिनियम बनते रहे। बिहार ने सन् 1948 में हिंदी को राजभाषा के रूप में स्वीकार किया। मध्य प्रदेश ने राज भाषा अधिनियम 1957 बनाया जिसके फलस्वरूप 7 फरवरी, 1958 से हिंदी का उपयोग अनिवार्य हो गया। वैसे इससे बहुत पूर्व मध्य भारत शासकीय भाषा विधान, 1950 के द्वारा समस्त शासकीय कार्यों के लिए हिंदी राजभाषा घोषित की गयी। राजस्थान सरकार ने भी राजस्थान राजभाषा अधिनियम, 1952 एवं राजभाषा अधिनियम 1956 पारित किये। हरियाणा ने 26-1-1959 से हिंदी को राजभाषा के रूप में मान्यता दी। हिमाचल प्रदेश ने सरकारी अधिसूचना द्वारा 26-1-1965 से हिंदी को राजभाषा घोषित कर दिया था, परंतु 26-1-1971 से हिमाचल को पूर्ण राज्य का दर्जा प्राप्त होने पर उसके विकास की ओर विशेष ध्यान दिया गया। इस प्रकार हिंदी राजभाषा के रूप में उक्त छह राज्यों तथा केंद्रशासित प्रदेश दिल्ली में मान्यता प्राप्त है, साथ ही संपर्क भाषा के रूप में पंजाब, महाराष्ट्र तथा गुजरात तथा अंडमान-निकोबार और चंडीगढ़ (के० शा०) ने इसको मान्यता दे रखी है। इसका अपना पृथक् इतिहास है, पर यह मानना पड़ेगा कि नियमत: शत-प्रतिशत राजभाषा हिंदी में कार्य यदि इतने विशाल प्रदेश में होने लगे तो स्थिति काफी बदल सकती है। खेद है, अनुशासनिक कार्रवाई को (कुछ राज्यों में) व्यवस्था होते हुए भी स्थिति बहुत अधिक संतोषप्रद नहीं है।

स्वतंत्रता के बाद पिछले 36 वर्षों में हिंदी में अपार साहित्य प्रकाशित हुआ है, राजभाषा के रूप में भी मौलिक तथा अनूदित साहित्य की रचना हुई है। द्विभाषिक स्थिति होने से कहीं हिंदी, कहीं अंग्रेजी और कहीं दोनों का प्रयोग करना पड़ता है। सरकार ने स्पष्ट आदेश दे रखा है कि टिप्पणी हिंदी (प्रधान भाषा) अथवा अंग्रेजी (सहभाषा) किसी में भी लिखी जा सकती है और अनुवाद की आवश्यकता नहीं है। यह भी स्पष्ट किया गया है कि हिंदी-भाषी राज्यों में स्थित कार्यालयों को भेजे जाने वाले हिंदी के पत्रों का अंग्रेजी अनुवाद भेजने की आवश्यकता नहीं है। यह भी अधिनियम 1963 में स्पष्ट किया गया है कि यह देखा जाये कि जो व्यक्ति संघ के कार्यकलाप के संबंध में सेवा कर रहे हैं और जो या तो हिंदी में या अंग्रेजी भाषा में प्रवीण हैं, वे प्रभावी रूप से अपना काम कर सकें और यह भी कि केवल इस आधार पर कि वे दोनों ही भाषाओं में प्रवीण नहीं हैं, उनका कोई अहित नहीं होता है।

द्विभाषिक स्थिति में अनुवाद कार्य की पर्याप्त मात्रा को देखते हुए गृह मंत्रालय के अंतर्गत एक '**केंद्रीय अनुवाद ब्यूरो**' की स्थापना पहली मार्च 1971 में की गई। ब्यूरो केंद्रीय मंत्रालयों से संबंधित कागजात, मैन्युअल, कार्यविधि, केंद्रीय नियम आदि का अनुवाद करता है। समय-समय पर अनुवाद-प्रक्रिया पर अनुवादकों का पाठ्यक्रम भी चलाया जाता है जिससे सरकारी कामकाज करने में उन्हें सुविधा हो। ऐसे पाठ्यक्रम सन् 1973 से प्रारंभ हुए और सन् 1985 तक 45 सत्र पूरे हो चुके थे। ब्यूरो अब अनुवाद प्रशिक्षण का सात द्विवसीय पाठ्यक्रम भी चलाने वाला है।

गैर-सरकारी तौर पर दो राजभाषा सम्मेलन हो चुके हैं। सरकारी तौर पर '**अखिल भारतीय राजभाषा सम्मेलन**' 1-3 मार्च 1978 को नयी दिल्ली में संपन्न हुआ। सम्मेलन काफी सफल रहा और उसने राजभाषा के विभिन्न पक्षों पर पैंतालीस सिफारिशें भी प्रस्तुत कीं जिन पर विचार-विमर्श होता रहता है। इस सम्मेलन की ही सिफारिश पर वर्ष 1978-79 राजभाषा वर्ष के रूप में मनाया गया। सन् 1985 में बंबई में 'राजभाषा सम्मेलन' अयोजित किया गया। राजभाषा के प्रगामी प्रयोग के लिए वार्षिक कार्यक्रम भी बनाया जाता है। वर्ष 1985-86 का कार्यक्रम मुद्रित रूप में वितरित किया गया है। राजभाषा विभाग से 'राजभाषा भारती' का प्रकाशन सन् 1978 से और 'राजभाषा संदेश' का सन् 1985 से प्रारंभ किया गया। राजभाषा विभाग का 'कार्यान्वयन एकक' इन पर निगरानी रखता है। इस प्रकार प्रत्येक मंत्रालय में हिंदी सलाहकार समिति, विभागीय कार्यान्वयन समिति, नगर कार्यान्वयन समिति, केंद्रीय राजभाषा कार्यान्वयन समिति, और सर्वोपरि गैर-सरकारी संस्था केंद्रीय हिंदी सचिवालय परिषद् के माध्यम से

राजभाषा के प्रगामी प्रयोग की देखभाल रखी जाती है। वैसे बाधक तत्त्वों की कमी नहीं है फिर भी यदि भाषा के सरल तथा प्रवाही कामकाजी रूप को ध्यान में रखा जाये और अनुवाद के स्थान पर मौलिक लेखन को प्रोत्साहित किया जाये तो राजभाषा के रूप में हिंदी का भविष्य आशावादी है।

परिशिष्ट

प्रथम

संघ की राजभाषा नीति

संसद में प्रयुक्त होने वाली भाषा

120 (1) भाग 17 में किसी बात के होते हुए भी, किंतु अनुच्छेद 348 के उपबंधों के अधीन रहते हुए संसद में कार्य हिंदी में या अंग्रेजी में किया जायेगा।

परन्तु, यथास्थिति, राज्यसभा का सभापति या लोकसभा का अध्यक्ष अथवा ऐसे रूप में कार्य करने वाला व्यक्ति किसी सदस्य को जो हिंदी या अंग्रेजी में अपनी पर्याप्त अभिव्यक्ति नहीं कर सकता, अपनी मातृभाषा में सदन को संबोधित करने की अनुज्ञा दे सकेगा।

(2) जब तक संसद विधि द्वारा अन्यथा उपबंध न करे तब तक इस संविधान के प्रारंभ से 15 वर्ष की कालावधि की समाप्ति के पश्चात् यह अनुच्छेद ऐसे प्रभावी होगा मानो कि 'या अंग्रेजी में' ये शब्द उसमें से लुप्त कर दिये गये हों।

विधान-मंडल में प्रयुक्त होने वाली भाषा

210(1) भाग 17 में किसी बात के होते हुए भी, किंतु अनुच्छेद 348 के उपबंधों के अधीन रहते हुए, राज्य के विधान-मंडल में कार्य राज्य की राजभाषा या भाषाओं में या हिंदी में या अंग्रेजी में किया जायेगा :

परन्तु, यथास्थिति, विधानसभा का अध्यक्ष या विधान परिषद् का सभापति अथवा ऐसे रूप में कार्य करने वाला व्यक्ति किसी सदस्य को, जो उपर्युक्त भाषाओं में से किसी में अपनी पर्याप्त अभिव्यक्ति नहीं कर सकता, अपनी मातृभाषा में सदन को संबोधित करने की अनुज्ञा दे सकेगा। (यह अनुच्छेद जम्मू-कश्मीर पर लागू नहीं है।)

(2) जब तक राज्य का विधान-मंडल विधि द्वारा अन्यथा उपबंध न करे, तब तक इस संविधान के प्रारंभ से पन्द्रह वर्ष की कालावधि की समाप्ति

के पश्चात् यह अनुच्छेद ऐसे प्रभावी होगा मानो कि 'या अंग्रेजी में' ये शब्द उसमें से लुप्त कर दिये गये हों।

"परंतु हिमाचल प्रदेश, मणिपुर, मेघालय और त्रिपुरा के राज्य विधान-मंडलों के संबंध में यह खंड इस प्रकार प्रभावी होगा मानो कि उसमें आने वाले 'पंद्रह वर्ष' शब्दों के स्थान पर 'पच्चीस वर्ष' शब्द रख दिये गये हों।"

भाग 17

राजभाषा

1. संघ की राजभाषा

343(1) संघ की राजभाषा हिंदी और लिपि देवनागरी होगी। संघ के राजकीय प्रयोजनों के लिए प्रयोग होने वाले अंकों का रूप भारतीय अंकों का अंतर्राष्ट्रीय रूप होगा।

(2) खंड (1) से किसी बात के होते हुए भी इस संविधान के प्रारंभ से पंद्रह वर्ष की कालावधि के लिए संघ उन सब राजकीय प्रयोजनों के लिए अंग्रेजी भाषा प्रयोग की जाती रहेगी, जिनके लिए ऐसे प्रारंभ के ठीक पहले ये प्रयोग की जाती थी। परंतु राष्ट्रपति उक्त कालावधि में, आदेश द्वारा, संघ के राजकीय प्रयोजनों में से किसी के लिए अंग्रेजी भाषा के साथ-साथ हिंदी भाषा का तथा भारतीय अंकों के अंतर्राष्ट्रीय रूप के साथ-साथ देवनागरी रूप का प्रयोग प्राधिकृत कर सकेगा।

(3) इस अनुच्छेद में किसी बात के होते हुए भी संसद उक्त पंद्रह साल की कालावधि के पश्चात् विधि द्वारा

(क) अंग्रेजी भाषा का, अथवा

(ख) अंकों के देवनागरी रूप का,

ऐसे प्रयोजनों के लिए प्रयोग उपबंधित कर सकेगी जैसे कि ऐसे विधि में उल्लेखित हो।

राजभाषा के लिए संसद का आयोग और समिति

344(1) राष्ट्रपति का इस संविधान के प्रारंभ में पाँच वर्ष की समाप्ति पर तथा तत्पश्चात् ऐसे प्रारंभ से दस वर्ष की समाप्ति पर आदेश द्वारा एक आयोग गठित करेगा, जो एक सभापति और अष्टम अनुसूची में उल्लिखित विभिन्न भाषाओं का प्रतिनिधित्व करने वाले अन्य सदस्यों से मिलकर बनेगा, जैसेकि राष्ट्रपति नियुक्त करे, तथा आयोग द्वारा अनुसरण की जाने वाली प्रक्रिया

का आदेश परिभाषित करेगा।

(2) राष्ट्रपति की—

(क) संघ के राजकीय प्रयोजनों में सब या किसी के लिए हिंदी भाषा के लिए उत्तरोत्तर अधिक प्रयोग के,

(ख) संघ के राजकीय प्रयोजनों में से सब या किसी के लिए अंग्रेजी भाषा के प्रयोग पर निबंधनों के,

(ग) अनुच्छेद 348 में वर्णित प्रयोजनों में से सब या किसी के लिए प्रयोग की जाने वाली भाषा के,

(घ) संघ के किसी एक या अधिक उल्लिखित प्रयोजनों के लिए प्रयोग किये जाने वाले अंकों के रूप के,

(ङ) संघ की राजभाषा तथा संघ और किसी राज्य के बीच अथवा एक राज्य और दूसरे के बीच संचार की भाषा तथा उनके प्रयोग के बारे में राष्ट्रपति द्वारा आयोग से पृच्छा किये हुए किसी अन्य विषय के बारे में सिफारिश करने का आयोग का कर्तव्य होगा।

(3) खंड (2) के अधीन अपनी सिफारिशों को करने में आयोग भारत की औद्योगिक, सांस्कृतिक और वैज्ञानिक उन्नति का तथा लोक सेवाओं के बारे में अहिंदी भाषा-भाषी क्षेत्रों के लोगों के न्यायपूर्ण दावों और हितों का सम्यक ध्यान रखेगा।

(4) तीस सदस्यों की एक समिति गठित की जायेगी, जिनमें से बीस लोकसभा के सदस्य होंगे तथा दस राज्यसभा के सदस्य होंगे, जोकि क्रमश: लोकसभा के सदस्यों तथा राज्यसभा के सदस्यों द्वारा अनुपाती प्रतिनिधित्व पद्धति के अनुसार एकल संक्रमणीय मत द्वारा निर्वाचित होंगे।

(5) खंड (1) के अधीन गठित आयोग की सिफारिशों की परीक्षा करना तथा उन पर अपनी राय का प्रतिवेदन राष्ट्रपति को प्रस्तुत करना समिति का कर्तव्य होगा।

(6) अनुच्छेद 343 में किसी बात के होते हुए भी राष्ट्रपति खड (5) में निर्दिष्ट प्रतिवेदन पर विचार करने के पश्चात् उसे सारे प्रतिवेदन के या उसके किसी भाग के अनुसार निदेश निकाल सकेगा।

2. प्रादेशिक भाषाएँ

राज्य की राजभाषा या राजभाषाएँ

345 अनुच्छेद 346 और 347 के उपबंधों के अधीन रहते हुए राज्य का विधान-मंडल विधि द्वारा उस राज्य के राजकीय प्रयोजनों में से सब या किसी के

लिए प्रयोग के अर्थ उस राज्य में प्रयुक्त होने वाली भाषाओं में से किसी एक या अनेक को या हिंदी को अंगीकार कर सकेगा :

परंतु जब तक राज्य का विधान-मंडल विधि द्वारा इसे अन्यथा उपबंध न करे तब तक राज्य के भीतर उन राजकीय प्रयोजनों के लिए अंग्रेजी भाषा प्रयोग की जाती रहेगी, जिनके लिए, संविधान के प्रारंभ से ठीक पहले वह प्रयोग की जाती थी।

एक राज्य और दूसरे राज्य के बीच में अथवा राज्य और संघ के बीच में संचार के लिए राजभाषा

346 संघ में राजकीय प्रयोजनों के लिए प्रयुक्त होने के लिए तत्समय प्राधिकृत भाषा, एक राज्य और दूसरे राज्य के बीच में तथा किसी राज्य और संघ के बीच में संचार के लिए राजभाषा होगी, परंतु यदि दो या अधिक राज्य करार करते हैं कि ऐसे राज्यों के बीच में संचार के लिए राजभाषा हिंदी भाषा होगी, तो ऐसे संचार के लिए वह भाषा प्रयोग की जा सकेगी।

347 तद्विषयक माँग की जाने पर यदि राष्ट्रपति का समाधान हो जाये कि किसी राज्य के जन-समुदाय का पर्याप्त अनुपात चाहता है कि उसके द्वारा बोली जाने वाली कोई भाषा राज्य द्वारा अभिज्ञात की जाये, तो वह निदेश दे सकेगा कि ऐसी भाषा को उस राज्य में सर्वत्र अथवा उसके किसी भाग में ऐसे प्रयोजन के लिए जैसाकि वह उल्लिखित करे, काजकीय अभिज्ञा दी जाये।

3. उच्चतम न्यायालय और उच्च न्यायालयों में तथा अधिनियमों, विधायकों आदि में प्रयोग की जाने वाली भाषा

348 (1) इस भाग के पूर्ववर्ती उपबंधों में किसी बात के होते हुए भी जब तक संसद विधि द्वारा अन्यथा उपबंध न करे, तब तक :

(क) उच्चतम न्यायालय में तथा प्रत्येक उच्च न्यायालय में सब कार्यवाहियाँ,

(ख) जो—

(अ) विधेयक, अथवा उन पर प्रस्तावित किये जानेवाले जो संशोधन संसद के प्रत्येक सदन में पुन:स्थापित किये जायें, उन सबके प्राधिकृत पाठ,

(ब) अधिनियम संसद द्वारा या राज्य के विधान-मंडल द्वारा पारित किये जायें, तथा जो अध्यादेश राष्ट्रपति या राज्यपाल या राजप्रमुख द्वारा प्रख्यापित किये जायें, उन सबके प्राधिकृत पाठ तथा

(ग) आदेश, नियम, विनियम और उपविधि इस संविधान के अधीन, अथवा संसद या राज्यों के विधान-मंडल द्वारा निर्मित किसी विधि के अधीन निकाले जायें, उन सबके प्राधिकृत पाठ, अंग्रेजी भाषा में होंगे ।

(2) खंड (1) के उपखंड (क) में किसी बात के होते हुए भी किसी राज्य के राज्यपाल या राजप्रमुख राष्ट्रपति की पूर्व सम्मति से हिंदी भाषा का या उस राज्य में राजकीय प्रयोजनों के लिए प्रयोग होने वाली किसी अन्य भाषा का प्रयोग उस राज्य में मुख्य स्थान रखने वाले उच्च न्यायालय में की कार्य-वाहियों के लिए प्राधिकृत कर सकेगा, परंतु इस खंड की कोई बात वैसे उच्च न्यायालय द्वारा दिये गये निर्णय, अज्ञाप्ति अथवा आदेश को लागू न होगी ।

(3) खंड (1) के उपखंड (ख) में किसी बात के होते हुए भी, जहाँ किसी राज्य के विधान-मंडल ने, उस विधान-मंडल में पुरःस्थापित विधेयकों का उसके द्वारा पारित अधिनियमों में अथवा उस राज्य के राज्यपाल या राजप्रमुख द्वारा प्रख्यापित अध्यादेशों में अथवा उस उपखंड की कंडिका में निर्दिष्ट किसी आदेश, नियम, विनियम या उपविधि में प्रयोग के लिए अंग्रेजी भाषा से अन्य किसी भाषा के प्रयोग को विहित किया है, वहाँ उस राज्य के राज-कीय सूचना-पत्र में उस राज्य के राज्यपाल या राजप्रमुख के प्राधिकार से प्रकाशित अंग्रेजी भाषा में उसका अनुवाद उस खंड के अभिप्रायों के लिए उसका अंग्रेजी भाषा में प्राधिकृत पाठ समझा जायेगा ।

भाषा संबंधी कुछ विधियों के अधिनियमित करने के लिए विशेष प्रक्रिया

349 इस संविधान के प्रारंभ से 15 वर्षों की कालावधि तक अनुच्छेद 348 के खंड (1) में वर्णित प्रयोजनों में से किसी के लिए प्रयोग की जाने वाली भाषा के लिए उपबंध करने वाला कोई विधेयक या संशोधन संसद के किसी सदन में राष्ट्रपति की पूर्व मंजूरी के बिना न तो पुरःस्थापित और न प्रस्तावित किया जायेगा तथा ऐसे किसी विधेयक के पुरःस्थापित अथवा ऐसे किसी संशोधन के प्रस्तावित किये जाने की मंजूरी अनुच्छेद 344 के खंड (1) के अधीन गठित आयोग की सिफारिशों पर, तथा उस अनुच्छेद के खंड (4) के अधीन गठित समिति के प्रतिवेदन पर विचार करने के पश्चात् ही राष्ट्रपति देगा ।

4. विशेष निदेश

350 किसी व्यथा के निवारण के लिए संघ या राज्य के किसी पदाधिकारी या प्राधिकारी की यथास्थिति संघ में प्रयोग होनेवाली किसी भाषा में अभिवेदन देने का प्रत्येक व्यक्ति को हक होगा।

350 ए तथा 350 बी
संविधान संशोधन सं० 7, 1956 के अनुसार जोड़ दी गयी हैं जिसमें मातृ-भाषा के माध्यम में शिक्षण तथा भाषिक अल्पसंख्यकों के हितों की रक्षा के लिए व्यवस्था की गयी है।

हिंदी भाषा के विकास के लिए निदेश

351 हिंदी भाषा की प्रसार-वृद्धि करना, उसका विकास करना ताकि वह भारत की सामासिक संस्कृति के सब तत्त्वों की अभिव्यक्ति की माध्यम हो सके, तथा उसकी आत्मीयता में हस्तक्षेप किये बिना हिंदुस्तानी और अष्टम अनुसूची में उल्लिखित अन्य भारतीय भाषाओं के रूप, शैली और पदावली को आत्मसात करते हुए तथा जहाँ आवश्यक या वांछनीय हो वहाँ उसके शब्द-भंडार के लिए मुख्यतः संस्कृत से तथा गौणतः वैसी उल्लिखित भाषाओं से शब्द ग्रहण करते हुए उसकी समृद्धि सुनिश्चित करना संघ का कर्तव्य होगा।

अष्टम अनुसूची

[अनुच्छेद 344 (1) और 351]

1. असमिया
2. उड़िया
3. उर्दू
4. कन्नड़
5. कश्मीरी
6. गुजराती
7. तमिळ
8. तेलुगु
9. पंजाबी
10. बँगला
11. मराठी
12. मलयाळम
13. संस्कृत
14. सिंधी*
15. हिंदी

* नोट : मूल संविधान में 14 भाषाएँ थीं। बाद में संशोधन के फलस्वरूप सिंधी को इस सूची में जोड़ा गया।

द्वितीय

सरकारी प्रशासन में भाषा

संघ की राजभाषा

क्रम-संख्या	राजभाषा आयोग की सिफारिशें	राजभाषा पर संसदीय समिति की राय
5.	प्रशासन की भाषा बदलने के लिए कुछ प्रारंभिक आवश्यकताएँ इस प्रकार हैं : (i) प्रशासनिक क्षेत्रों में प्रयुक्त होने वाली आवश्यक विशिष्ट परिभाषाएँ तैयार करना और उनका प्रमाणीकरण । (ii) प्रशासन के दैनिक कार्यकलाप से संबंधित सरकारी प्रकाशनों, जिनमें नियम, विनियम दिये रहते हैं, हस्त पुस्तिकाओं तथा अन्य कार्य-विधिक साहित्य का हिंदी में अनुवाद । (iii) विभिन्न वर्गों के प्रशासनिक कर्मचारियों को इस ढंग से ट्रेनिंग देना कि वे भाषा की योग्यता इस उपयुक्त स्तर की प्राप्त कर लें जिससे वे नये भाषा माध्यम का प्रयोग आवश्यक कार्य-क्षमता के साथ कर सकें और सुविधानुसार अपने आपको उस भाषा में व्यक्त कर सकें । (iv) सरकारी कार्यों की सुविधा और उन्हें द्रुतगति से कर सकने की दृष्टि से जिन यांत्रिक तथा अन्य सहायक साधनों की जरूरत होती है, उसका नये भाषा माध्यम के अनुकूल विकास	

क्रम-संख्या	राजभाषा आयोग की सिफारिशें	राजभाषा पर संसदीय समिति की राय
	करना तथा उन्हें तैयार करना, उदाहरणार्थ टाइपराइटरों और टाइपिस्टों, शीघ्रलिपि और शीघ्रलिपिकों, मुद्रण और प्रतिलिपिक यंत्रों, टेलीप्रिंटरों और अन्य संचार साधनों को नये माध्यम के अनुकूल बनाना आदि ।	
	इसमें आवश्यकता (1) तो अध्याय 5 में वर्णित पारिभाषिक शब्दावली की सामान्य समस्या का अंग है ।	
6.	जहाँ तक आवश्यकता (2) का प्रश्न है, इस बात का पूर्ण रूप से निश्चय कर लेना आवश्यक होगा कि इस प्रकार से सारे कार्यविधिक साहित्य के अनुवाद में भाषा की एकरूपता हो । इस प्रयोजन के लिए यह अधिक उचित होगा कि इस कार्य के निर्देशन और अधीक्षण का सम्पूर्ण दायित्व केंद्रीय सरकार की एक ही संस्था को सौंप दिया जाये ।	इसे स्वीकार किया जा सकता है ।
7.	जहाँ तक (प्रशासनाधिकारियों के प्रशिक्षण) की आवश्यकता संख्या (3) का प्रश्न है, भारत सरकार द्वारा अपने कर्मचारियों को हिंदी भाषा में स्वेच्छिक आधार पर प्रशिक्षण देने की जो वर्तमान व्यवस्था की गयी है उस पर पुनर्विचार किया गया है । यदि अनुभव से यह प्रतीत हो कि इस प्रकार की वैकल्पिक व्यवस्था से उपयुक्त परिणाम सामने नहीं आ रहे हैं तो सरकार के लिए उचित और आवश्यक होगा कि वह अपनी भाषा-नीति को ध्यान में रखते हुए प्रत्येक सरकारी कर्मचारी के लिए अनिवार्य कर दे कि वे अपने कर्तव्य भर को ठीक प्रकार से निभा सकने के लिए उचित कार्याविधि में हिंदी का उचित ज्ञान प्राप्त कर लें ।	सरकारी कर्मचारी अपने आपको हिंदी में योग्य बनायें, इसके लिए सरकार उन पर कुछ जिम्मेदारियाँ डाल सकती है ।
8.	आवश्यकता (4) की पूर्ति के लिए इस प्रकार का कार्यक्रम अपनाया जाना चाहिए, जिसके अनुसार	इसे स्वीकार किया जा सकता है ।

क्रम-संख्या	राजभाषा आयोग की सिफारिशें	राजभाषा पर संसदीय समिति की राय
	शीघ्रलिपिकों और टाइपिस्टों को नये भाषा माध्यम में शीघ्रलिपि और टाइप-ट्रेनिंग और संघीय भाषा का अच्छा ज्ञान प्राप्त करने के लिए विशेष छुट्टियाँ तथा विशेष सुविधाएँ प्रदान की जायें।	
9.	विभिन्न वर्गों के पदों और सेवाओं की भरती में निर्दिष्ट योग्यता की दृष्टि से अंग्रेजी भाषा में योग्यता के जिस स्तर, सामान्यत: इसका संबंध विश्वविद्यालय की उपाधियों से है, को मान्यता प्राप्त है, वही स्तर हिंदी की भाषाई योग्यता के लिए भी एक मानदंड निश्चित किया जा सकता है। प्रारंभिक स्थिति में कुछ नीचे स्तर को भी स्वीकार किया जा सकता है।	सिद्धांत रूप से इसे स्वीकार किया जा सकता है, परंतु परिवर्तन की दशाओं में कुछ हलका स्तर काफी रहता।
10.	सामान्य रूप से कहना चाहिए कि नियत अवधि में नियत स्तर तक योग्यता न प्राप्त करने पर दंड की व्यवस्था करना ठीक होगा। न्यूनतम स्तर से अधिक योग्यता प्राप्त करने पर प्रोत्साहन और पुरस्कार देना उपयुक्त प्रतीत होगा।	यह सिफारिश छोड़ी जा सकती है।
11.	संघ सरकार के कुछ प्रशासन के खंडों में भविष्य में अनिश्चित काल तक उन स्तरों तक अंग्रेजी की तकनीकी परिभाषाओं का प्रयोग जारी रखा जा सकता है जिसके लिए भारतीय परिभाषाओं का तैयार करना आवश्यक न समझा जाये, इसी प्रकार उन खंडों में पत्र-व्यवहार भी अंग्रेजी में जारी रखा जा सकता है जहाँ उस माध्यम के द्वारा विदेशों से निरंतर संपर्क बनाये रखना आवश्यक हो।	इसे स्वीकार किया जा सकता है सिवाय इसके कि समिति का विचार है कि भविष्य में जब तक भारतीय पारिभाषिक शब्दावली का विकास करना आवश्यक नहीं समझा जाता तब तक अंग्रेजी पारिभाषिक शब्द प्रयोग

क्रम-संख्या	राजभाषा आयोग की सिफारिशें	राजभाषा पर संसदीय समिति की राय
		किये जाते रहना काफी रहता न कि हमेशा के लिए जैसा कि आयोग ने सिफारिश की है।
12.	भारतीय सरकार के मंत्रालयों और विभागों के अलावा प्रशासनिक संस्थाओं और संगठनों में भाषा माध्यम को बदलना होगा, जैसा कि रेलवे, डाक और तार विभाग, उत्पादन कर, सीमाशुल्क, आय-कर विभाग आदि। इन संगठनों की अनेक इकाइयाँ और शाखाएँ देश के विभिन्न भागों में स्थित हैं, इसलिए इन्हें ध्यान में रखते हुए भाषा-समस्या के कुछ विशेष पहलू सामने आते हैं। इन प्रशासनिक संगठनों के लिए यह आवश्यक है कि वे दो भाषाओं के प्रयोग का एक स्थायी उपाय ढूंढ़ निकालें, अर्थात् जहाँ तक आंतरिक कार्य का संबंध है, वे हिंदी का प्रयोग करेंगे और जहाँ तक जनता से व्यवहार का प्रश्न है, वे उन क्षेत्रों में वहाँ की प्रादेशिक भाषाओं में कार्य करेंगे।	इसे स्वीकार किया जा सकता है।
13.	यह आवश्यक है कि भारत सरकार के इन प्रशासनिक संगठनों और विभागों के वर्तमान कर्मचारीवृंद के ढांचे को दो भाषाओं के प्रयोग की सुविधा के अनुरूप पुनः परीक्षा और विकेंद्रीकरण किया जाये। इसी प्रकार भर्ती करने की पद्धति में भी और भर्ती के लिए आवश्यक योग्यताओं के निर्धारण में तदनुसार परिवर्तन करना होगा।	इसे स्वीकार किया जा सकता है।
14.	सेवा नियोजक के रूप में इन अखिल भारतीय विभागों और संगठनों को अधिकार है कि वे अपने विभिन्न वर्गों के प्रतिष्ठानों में भर्ती करने के उद्देश्य से हिंदी की योग्यता के स्तर भी नियत कर दें (जहाँ	इसे स्वीकार किया जा सकता है।

क्रम-संख्या	राजभाषा आयोग की सिफारिशें	राजभाषा पर संसदीय समिति की राय
	आवश्यकता हो वे प्रादेशिक भाषाओं की योग्यता का स्तर भी नियत कर सकते हैं)। यह भी हो सकता है कि क्षेत्रीय या प्रादेशिक आवश्यकताओं के अनुसार हिंदी योग्यता का स्तर उस स्तर से कुछ नीचा रखा जाए जो इन दफ्तरों के प्रधान कार्यालय के लिए आवश्यक हो, क्योंकि प्रधान कार्यालय में तो सारा कार्य ही हिंदी में किया जाना होगा जबकि क्षेत्रीय या प्रादेशिक कार्यालय में स्थानीय भाषाओं का भी प्रयोग होगा।	
15.	संक्रमण काल में विभिन्न क्षेत्रों के निवासियों के लिए रोजगार के अवसर कम न हो जायें, इसलिए स्थानीय शिक्षण-पद्धति में हिंदी की प्रगति को ध्यान में रखते हुए ऐसा अपेक्षित होगा कि शुरू-शुरू में हिंदी की योग्यता का स्तर कुछ कम रखा जाये और उस कमी की पूर्ति भर्ती के बाद सेवा-काल में पूरी कर ली जाये। जैसे-जैसे विशिष्ट क्षेत्रों में हिंदी भाषा-शिक्षण की सुविधाएँ उत्तरोत्तर बढ़ती जायें, वसे-वैसे ही योग्यता-स्तर ऊँचा किया जा सकता है।	इसे स्वीकार किया जा सकता है।
16.	केंद्रीय सरकार की रेलवे डाकतार जैसी अखिल भारतीय प्रशासनिक संस्थाओं की भाषा-नीति, मुख्य रूप से इस प्रकार बनायी जानी चाहिए जिससे जनता को सुविधा हो, क्योंकि जनता की सुविधा के लिए ही उस नीति को बनाया जाता है। इन विभागों की भाषा-नीति का संचालन इस प्रकार नहीं होना चाहिए कि जनता की सुविधाओं को उपेक्षा करके हिंदी के कार्य को आगे बढ़ाया जाये। जहाँ इन बोर्डों, फार्मों आदि पर हिंदी परिभाषाओं और पदावलियों का प्रयोग करना हो, वहाँ उन्हें जनता में प्रचारित करने के लिए तथा जनता की सुविधा को ध्यान में रखते हुए उनका पाठ प्रादेशिक भाषाओं	इसे स्वीकार किया जा सकता है।

क्रम-संख्या	राजभाषा आयोग की सिफारिशें	राजभाषा पर संसदीय समिति की राय
	(जहाँ जरूरत हो, अंग्रेजी) में दे दिया जाना चाहिए।	
17.	यह आवश्यक है कि उन सभी हिंदी परिभाषाओं और पदावलियों की, विशेषरूप से उनकी जो कि जनता के निकट संपर्क में आने वाली अखिल भारतीय प्रशासनिक संस्थाओं द्वारा प्रयुक्त होती हैं, पूर्व परीक्षा की जानी चाहिए कि वे स्थानीय भाषा के रूपों और विचारों के प्रतिकूल तो नहीं हैं। जहाँ कुछ संस्कृत शब्दों के विभिन्न भाषाओं में विभिन्न विशिष्ट अर्थ प्रचलित हो गये हों, वहाँ उनकी उपेक्षा करके अनुपयुक्त शब्दों का प्रयोग, माध्यम के 'भारतीकरण' के प्रयत्नों का उपहास और तिरस्कार करना होगा।	इसे स्वीकार किया जा सकता है।
18.	यह उपयुक्त नहीं होगा कि सरकारी कर्मचारियों को नये माध्यम में प्रशिक्षित करने के स्थान पर मूल रूप से अंग्रेजी में किया जाये और फिर उसे अनूदित किया जाये और इस प्रकार अलग अनुवाद इकाइयाँ अथवा ब्यूरो स्थापित करके सरकारी कोष पर अतिरिक्त व्यय बढ़ाया जाये यद्यपि प्रशासनिक कार्य स्थायी रूप से और संक्रमण काल में सहायक रूप से महत्त्वपूर्ण कार्य है, परंतु अधिकारियों को हिंदी में प्रशिक्षित करके उनसे हिंदी में पहले से ही कार्य कराना अनुवाद कराने से कहीं अच्छा है। हमारे विचार से, संविधान के संघ के कार्यों के लिए भाषा माध्यम के परिवर्तन का जो निर्देश है उसका यह अभिप्राय कदापि नहीं कि मूलतः कार्य अंग्रेजी में ही जारी रखा जाये और पुनः विभिन्न स्थितियों में सरकारी कोष पर बोझ डालकर उसे हिंदी में अनूदित कराया जाये।	इसे स्वीकार किया जा सकता है।
19.	संघ सरकार का यह कदम बहुत उचित होगा यदि वह अपनी सेवाओं में आने वाले नये लोगों के लिए	इसे स्वीकार किया जा सकता है।

क्रम-संख्या	राजभाषा आयोग की सिफारिशें	राजभाषा पर संसदीय समिति की राय
	उचित हिंदी ज्ञान की शर्त लगाये। निस्संदेह इस बात की सूचना बहुत पहले से दे दी जानी चाहिए। भाषा की योग्यता का आवश्यक स्तर न्यूनतम होना चाहिए और इसमें जो कमी हो उसे बाद में नौकरी करते समय उचित प्रशिक्षण द्वारा पूरा कर दिया जाना चाहिए।	
20.	जिन कर्मचारियों की आयु 45 वर्ष या इससे अधिक हो गयी है उनके लिए उतनी ही योग्यता पर्याप्त समझी जानी चाहिए कि वे हिंदी समझ सकें। इसके लिए इस बात पर जोर नहीं दिया जाना चाहिए कि जिस योग्यता के साथ वे अपने आपको अंग्रेजी में अभिव्यक्त करते हैं, उसी योग्यता के साथ वे हिंदी में कार्य कर सकें। यदि आवश्यक हो तो इस प्रयोजन के लिए पृथक् परीक्षाओं की व्यवस्था की जाये।	समिति का विचार है कि 45 वर्ष या अधिक आयु वाले अधिकारियों के लिए हिंदी सीखना आवश्यक नहीं होना चाहिए।
21.	हम इस बात की सिफारिश नहीं करते कि इस समय संघ के किसी भी कार्य के लिए अंग्रेजी भाषा के प्रयोग पर प्रतिबंध लगा दिया जाये।	इसे स्वीकार किया जा सकता है।
22.	हमारे लिए यह संभव नहीं हो सका है कि संविधान द्वारा नियत अवधि में सरकारी कार्यों में इस परिवर्तन को पूरा करने के लिए तथा हिंदी को स्थान देने के लिए तिथिवार एक क्रमिक समय सूची तैयार करके दे सकते। क्योंकि भारत सरकार के विभिन्न मंत्रालय एक ही शरीर के भिन्न-भिन्न अंग हैं। इसलिए सामान्य रूप से विभिन्न मंत्रालयों और विभागों में हिंदी का प्रयोग क्रमिक और संबद्ध ढंग से होना चाहिए। हमें भारत सरकार द्वारा तैयार या परिकल्पित ऐसी अस्थायी या अंतर्कालीन कार्यक्रम की योजना देखने का अवसर नहीं हुआ, जिसके अनुसार उसके सभी मंत्रालयों और विभागों में परिवर्तन करने का कार्यक्रम बनाया गया है और उनकी	समिति चाहती है कि आयोग की सिफारिशों पर दी गयी राय के अनुसार संघीय सरकार संघ की राजभाषा के रूप में हिंदी के अधिकाधिक प्रयोग के लिए कार्य की योजना बनाये और उसे अमल में लाये।

क्रम-संख्या	राजभाषा आयोग की सिफारिशें	राजभाषा पर संसदीय समिति की राय
	विशेष कठिनाइयों पर ध्यान दिया गया हो, आधार तैयारियों के काम का कितना बोझा बढ़ जायेगा उसका अनुमान किया गया हो, वर्तमान सरकारी कर्मचारीवृंद की भाषा योग्यता का लेखा-जोखा हो और उन्हें नये भाषा माध्यम में प्रशिक्षित कर सकने की कोई लगभग तिथि नियत कर दी गयी हो। इसलिए हमने प्रारंभिक आवश्यकताओं की ओर तो निर्देश कर दिया है, परंतु परिवर्तन के सामान्य परिकल्पों और संबद्ध विभिन्न प्रश्नों को व्याप्त करने वाले सिद्धांतों का निर्णय करना तथा कार्य करने के लिए योजना तैयार करने और तदनुसार समय-अनुसूची तैयार करने का काम स्वयं भारत सरकार पर ही छोड़ दिया जाना चाहिए, जिससे वह संबद्ध परिस्थितियों को ध्यान में रखकर कदम उठा सके।	
23.	भारत के नियंत्रक और महालेखा परीक्षक के नियंत्रण में कार्य करने वाले भारतीय लेखा परीक्षण और लेखा-विभाग के मामले पर विचार किया गया। जब कोई भी राज्य प्रादेशिक भाषा को स्वीकार कर लेगा तो यह व्यवस्था करना अनिवार्य होगा कि भारतीय लेखा परीक्षण और लेखा-विभाग के वे कर्मचारी जोकि राज्यों के साथ व्यवहार करते हैं, संबद्ध राज्य की भाषा पर अधिकार प्राप्त कर लें, जिससे वे लेखे तैयार करने और लेखा परीक्षा करने के अपने कर्तव्यों को निभा सकें। इसका अर्थ यह निकलता है कि किसी राज्य में स्थित लेखा महापरीक्षक नियंत्रण के दफ्तर को इस योग्य होना चाहिए कि वह प्रादेशिक भाषा में प्राप्त लेखों के विवरणों को संकलित करने और प्रादेशिक भाषाओं में अंकित टिप्पणियों और प्रशासनिक निर्णयों के अनुसार लेखा परीक्षा कर सकने में समर्थ हो।	इसे स्वीकार किया जा सकता है।

क्रम-संख्या	राजभाषा आयोग की सिफारिशें	राजभाषा पर संसदीय समिति की राय
24.	इस कठिनाई का यह भी हल सुझाया गया है कि लेखा-परीक्षा का 'प्रांतीयकरण' कर दिया जाये, ऐसे किसी विकल्प पर विचार करने की आवश्यकता नहीं जिसके कारण इस समय चालू संवैधानिक व्यवस्था में कोई मुख्य परिवर्तन करना पड़े। हमारा विचार है कि चालू व्यवस्था के ढाँचे के भीतर ही कोई हल ढूंढ़ लिया जाना चाहिए जिससे एक ओर तो लेखा महापरीक्षा का नियंत्रण के कार्यालय का प्रतिष्ठान प्रत्येक राज्य में राजभाषा में अंकित लेन-देन की परीक्षा के कर्तव्यभारों को निभाने में समर्थ हो सके, और दूसरी ओर वर्तमान व्यवस्था जिसके अनुसार संघ एवं राज्यों के लेखों और लेखा परीक्षणों का उत्तरदायित्व भारतीय लेखा परीक्षण और लेखा-विभाग के माध्यम से महानियंत्रक अथवा महालेखा परीक्षक में केंद्रित है, बनी रहे। भारतीय लेखा परीक्षण और लेखा-विभाग का संगठन और उसमें कर्मचारी नियुक्त करने की पद्धति पर पुनर्विचार करना होगा और लगभग इसे उसी प्रकार से संगठित करना होगा जैसाकि हमने उन केंद्रीय विभागों के बारे में सुझाया जिनका कार्य देश-भर में फैला हुआ है।	इसे स्वीकार किया जा सकता है।

तृतीय

राजभाषा अधिनियम, 1963
(यथासंशोधित, 1967)

(1963 का अधिनियम संख्यांक 19)

(10 मई, 1963)

उन भाषाओं का, जो संघ के राजकीय प्रयोजनों, संसद में कार्य के संव्यवहार, केंद्रीय और राज्य अधिनियमों और उच्च न्यायालयों में कतिपय प्रयोजनों के लिए प्रयोग में लायी जा सकेंगी, उपलब्ध करने के लिए अधिनियम।

भारत गणराज्य के चौदहवें वर्ष में संसद द्वारा निम्नलिखित रूप में यह अधिनियमित हो :

1. संक्षिप्त नाम और प्रारंभ : (1) यह अधिनियम राजभाषा अधिनियम, 1963 कहा जा सकेगा।

(2) धारा 3, जनवरी, 1965 के 26वें दिन को प्रवृत्त होगी और इस अधिनियम के शेष उपबंध उस तारीख को प्रवृत्त होंगे जिसे केंद्रीय सरकार, शासकीय राजपत्र में अधिसूचना द्वारा, नियत करे और इस अधिनियम के विभिन्न उपबंधों के लिए विभिन्न तारीखें नियत की जा सकेंगी।

2. परिभाषाएँ : इस अधिनियम में जब तक कि संदर्भ से अन्यथा अपेक्षित न हो :

(क) "नियत दिन" से, धारा 3 के संबंध में, जनवरी, 1965 का 26वाँ दिन अभिप्रेत है और इस अधिनियम के किसी अन्य उपबंध के संबंध में वह दिन अभिप्रेत है जिस दिन को वह उपबंध प्रवृत्त होता है;

(ख) "हिंदी" से वह हिंदी अभिप्रेत है जिसकी लिपि देवनागरी है।

3. संघ के राजकीय प्रयोजनों के लिए और संसद में प्रयोग के लिए अंग्रेजी भाषा का बना रहना : (1) संविधान के प्रारंभ से पंद्रह वर्ष की कालावधि की समाप्ति हो जाने पर भी, हिंदी के अतिरिक्त अंग्रेजी भाषा, नियत दिन से ही—

(क) संघ के उन सब राजकीय प्रयोजनों के लिए जिनके लिए वह उस दिन से ठीक पहले प्रयोग में लाई जाती थी, तथा

(ख) संसद् में कार्य के संव्यवहार के लिए;

प्रयोग में लाई जाती रह सकेगी :

परंतु संघ और किसी ऐसे राज्य के बीच, जिसने हिंदी को अपनी राजभाषा के रूप में नहीं अपनाया है, पत्रादि के प्रयोजनों के लिए अंग्रेजी भाषा प्रयोग में लायी जायेगी :

परंतु यह और कि जहाँ किसी ऐसे राज्य के, जिसने हिंदी को अपनी राजभाषा के रूप में अपनाया है और किसी अन्य राज्य के, जिसने हिंदी को अपनी राजभाषा के रूप में नहीं अपनाया है, बीच पत्रादि के प्रयोजनों के लिए हिंदी को प्रयोग में लाया जाता है, वहाँ हिंदी में ऐसे पत्रादि के साथ-साथ उसका अनुवाद अंग्रेजी भाषा में भेजा जायेगा :

परंतु यह और भी कि इस उपधारा की किसी भी बात का यह अर्थ नहीं लगाया जायेगा कि वह किसी ऐसे राज्य को, जिसने हिंदी को अपनी राजभाषा के रूप में नहीं अपनाया है, संघ के साथ या किसी ऐसे राज्य के साथ, जिसने हिंदी को अपनी राजभाषा के रूप में अपनाया है, या किसी अन्य राज्य के साथ, उसकी सहमति से, पत्रादि के प्रयोजनों के लिए हिंदी को प्रयोग में लाने से निवारित करती है, और ऐसे किसी मामले में उस राज्य के साथ पत्रादि के प्रयोजनों के लिए अंग्रेजी भाषा का प्रयोग बाध्यकर न होगा ।

(2) उपधारा (1) में अंतर्विष्ट किसी बात के होते हुए भी, जहाँ पत्रादि के प्रयोजनों के लिए हिंदी या अंग्रेजी भाषा—

(i) केंद्रीय सरकार के एक मंत्रालय या विभाग या कार्यालय के और दूसरे मंत्रालय या विभाग या कार्यालय के बीच;

(ii) केंद्रीय सरकार के एक मंत्रालय या विभाग या कार्यालय के और केंद्रीय सरकार के स्वामित्व में के या नियंत्रण में के किसी निगम या कंपनी या उसके किसी कार्यालय के बीच;

(iii) केंद्रीय सरकार के स्वामित्व में के या नियंत्रण में के किसी निगम या कंपनी या उसके किसी कार्यालय के और किसी अन्य ऐसे निगम या कंपनी या कार्यालय के बीच;

प्रयोग में लाई जाती है वहाँ उस तारीख तक, जब तक पूर्वोक्त संबंधित मंत्रालय, विभाग, कार्यालय या निगम या कंपनी का कर्मचारीवृन्द हिंदी का कार्यसाधक ज्ञान प्राप्त नहीं कर लेता, ऐसे पत्रादि का अनुवाद, यथास्थिति, अंग्रेजी भाषा या हिंदी में भी दिया जायेगा ।

(3) उपधारा (1) में अन्तर्विष्ट किसी बात के होते हुए भी, हिंदी और

अंग्रेजी भाषा दोनों ही—

(i) संकल्पों, साधारण आदेशों, नियमों, अधिसूचनाओं, प्रशासनिक या अन्य प्रतिवेदनों या प्रेस विज्ञप्तियों के लिए जो केंद्रीय सरकार द्वारा या उसके किसी मंत्रालय, विभाग या कार्यालय द्वारा या केंद्रीय सरकार के स्वामित्व में के या नियंत्रण में के किसी निगम या कंपनी द्वारा या ऐसे निगम या कंपनी के किसी कार्यालय द्वारा निकाले जाते हैं या किये जाते हैं,

(ii) संसद् के किसी सदन या सदनों के समक्ष रखे गये प्रशासनिक तथा अन्य प्रतिवेदनों और राजकीय कागज-पत्रों के लिए,

(iii) केंद्रीय सरकार या उसके किसी मंत्रालय, विभाग या कार्यालय द्वारा या उसकी ओर से या केंद्रीय सरकार के स्वामित्व में के या नियंत्रण में के किसी निगम या कंपनी द्वारा या ऐसे निगम या कंपनी के किसी कार्यालय द्वारा निष्पादित संविदाओं और करारों के लिए तथा निकाली गई अनुज्ञप्तिओं, अनुज्ञा-पत्रों, सूचनाओं और निविदाप्ररूपों के लिए, प्रयोग में लायी जायेगी।

(4) उपधारा (1) या उपधारा (2) या उपधारा (3) के उपबंधों पर प्रतिकूल प्रभाव डाले बिना यह है कि केंद्रीय सरकार धारा 8 के अधीन बनाये गये नियमों द्वारा उस भाषा या उन भाषाओं का उपबंध कर सकेगी जिसे या जिन्हें संघ के राजकीय प्रयोजन के लिए, जिसके अंतर्गत किसी मंत्रालय, विभाग, अनुभाग या कार्यालय का कार्यकरण है, प्रयोग में लाया जाना है और ऐसे नियम बनाने में राजकीय कार्य के शीघ्रता और दक्षता के साथ निपटारे का तथा जनसाधारण के हितों का सम्यक् ध्यान रखा जायेगा और इस प्रकार बनाये गये नियम विशिष्टतया यह सुनिश्चित करेंगे कि जो व्यक्ति संघ के कार्यकलाप के संबंध में सेवा कर रहे हैं और जो या तो हिंदी में या अंग्रेजी भाषा में प्रवीण हैं, वे प्रभावी रूप से अपना काम कर सकें और यह भी कि केवल इस आधार पर कि वे दोनों ही भाषाओं में प्रवीण नहीं हैं उनका कोई अहित नहीं होता है।

(5) उपधारा (1) के खंड (क) के उपबंध और उपधारा (2), उपधारा (3) और उपधारा (4) के उपबंध तब तक प्रवृत्त बने रहेंगे जब तक उनमें वर्णित प्रयोजनों के लिए अंग्रेजी भाषा का प्रयोग समाप्त कर देने के लिए ऐसे सभी राज्यों के विधानमंडलों द्वारा, जिन्होंने हिंदी को अपनी राजभाषा के रूप में नहीं अपनाया है, संकल्प पारित नहीं कर दिये जाते और जब तक पूर्वोक्त संकल्पों पर विचार कर लेने के पश्चात् ऐसी समाप्ति के लिए संसद के हर एक सदन द्वारा संकल्प पारित नहीं कर दिया जाता।

4. राजभाषा के संबंध में समिति : (1) जिस तारीख को धारा 3 प्रवृत्त होती है उससे दस वर्ष की समाप्ति के पश्चात्, राजभाषा के संबंध में एक समिति, इस विषय का संकल्प संसद् के किसी भी सदन में राष्ट्रपति की पूर्व मंजूरी से

प्रस्तावित और दोनों सदनों द्वारा पारित किये जाने पर, गठित की जायेगी।

(2) इस समिति में तीस सदस्य होंगे जिनमें से बीस लोकसभा के सदस्य होंगे तथा दस राज्यसभा के सदस्य होंगे, जो क्रमश: लोकसभा के सदस्यों तथा राज्यसभा के सदस्यों द्वारा आनुपातिक प्रतिनिधित्व पद्धति के अनुसार एकल संक्रमणीय मत द्वारा निर्वाचित होंगे।

(3) इस समिति का कर्तव्य होगा कि वह संघ के राजकीय प्रयोजनों के लिए हिंदी के प्रयोग में की गयी प्रगति का पुनर्विलोकन करें और उस सिफारिशें करते हुए राष्ट्रपति को प्रतिवेदन करें और राष्ट्रपति उस प्रतिवेदन को संसद् के हर एक सदन के समक्ष रखवायेगा और सभी राज्य सरकारों को भिजवायेगा।

(4) राष्ट्रपति उपधारा (3) में निर्दिष्ट प्रतिवेदन पर और उस पर राज्य सरकारों ने यदि कोई मत अभिव्यक्त किये हों तो उन पर विचार करने के पश्चात् उस समस्त प्रतिवेदन के या उसके किसी भाग के अनुसार निदेश निकाल सकेगा :

(परंतु इस प्रकार निकाले गये निदेश धारा 3 के उपबंधों से असंगत नहीं होंगे।)

5. केंद्रीय अधिनियमों आदि का प्राधिकृत हिंदी अनुवाद : (i) नियत दिन की और उसके पाश्चात् शासकीय राजपत्र में राष्ट्रपति के प्राधिकार से प्रकाशित—

(क) किसी केंद्रीय अधिनियम का या राष्ट्रपति द्वारा प्रख्यापित किसी आध्यादेश का, अथवा

(ख) संविधान के अधीन या किसी केंद्रीय अधिनियम के अधीन निकाले गये किसी आदेश, नियम, विनियम या उपविधि का,

हिंदी में अनुवाद उसका हिंदी में प्राधिकृत पाठ समझा जायेगा।

(ii) नियत दिन से ही उन सब विधेयकों के, जो संसद् के किसी भी सदन में पुन:स्थापित किये जाने हों और उन सब संशोधनों के, जो उनके संबंध में संसद् के किसी भी सदन में प्रस्तावित किये जाने हों, अंग्रेजी भाषा के प्राधिकृत पाठ के साथ-साथ उनका हिंदी में अनुवाद भी होगा जो ऐसी रीति से प्राधिकृत किया जायेगा, जो इस अधिनियम के अधीन बनाये गये नियमों द्वारा विहित की जाये।

6. **कतिपय दशाओं में राज्य अधिनियमों का प्राधिकृत हिंदी अनुवाद :** जहाँ किसी राज्य के विधानमंडल ने उस राज्य के विधानमंडल द्वारा पारित अधिनियमों में अथवा उस राज्य के राज्यपाल द्वारा प्रख्यापित अध्यादेशों में प्रयोग के लिए हिंदी से भिन्न कोई भाषा विहित की है वहाँ, संविधान के अनुच्छेद 348 के खंड (3) द्वारा अपेक्षित अंग्रेजी भाषा में उसके अनुवाद के अतिरिक्त, उसका हिंदी में अनुवाद उस राज्य के शासकीय राजपत्र में, उस राज्य के राज्यपाल के प्राधिकार से, नियत दिन की या उसके पश्चात्, प्रकाशित किया जा सकेगा और ऐसी दशा

में ऐसे किसी अधिनियम या अध्यादेश का हिंदी में अनुवाद हिंदी भाषा में उसका प्राधिकृत पाठ समझा जायेगा।

7. **उच्च न्यायालयों के निर्णयों, आदि में हिंदी या अन्य राजभाषा का वैकल्पिक प्रयोग** : नियत दिन से ही या तत्पश्चात् किसी भी दिन से किसी राज्य का राज्यपाल, राष्ट्रपति की पूर्व सम्मति से, अंग्रेजी भाषा के अतिरिक्त हिंदी या उस राज्य की राजभाषा का प्रयोग, उस राज्य के उच्च न्यायालय द्वारा पारित या दिये गये किसी निर्णय, डिक्री या आदेश के प्रयोजनों के लिए प्राधिकृत कर सकेगा और जहाँ कोई निर्णय, डिक्री या आदेश (अंग्रेजी भाषा से भिन्न) ऐसी किसी भाषा में पारित किया या दिया जाता है, वहाँ उसके साथ-साथ उच्च न्यायालय के प्राधिकार से निकाला गया अंग्रेजी भाषा में उसका अनुवाद भी होगा।

8. **नियम बनाने की शक्ति** : (1) केंद्रीय सरकार इस अधिनियम के प्रयोजनों को कार्यान्वित करने के लिए नियम शासकीय राजपत्र में अधिसूचना द्वारा, बना सकेगी।

(2) इस धारा के अधीन बनाया गया हर नियम, बनाये जाने के पश्चात् यथाशक्य शीघ्र, संसद् के हर एक सदन के समक्ष, उस समय जब वह सत्र में हो, कुल मिलाकर तीस दिन की कालावधि के लिए, जो एक सत्र में या दो क्रमवर्ती सत्रों में समाविष्ट हो सकेगी, रखा जायेगा और यदि उस सत्र के, जिसमें वह ऐसे रखा गया हो, या ठीक पश्चात्वर्ती सत्र के अवसान के पूर्व दोनों सदन उस नियम में कोई आन्तर करने के लिए सहमत हो जायें या दोनों सदन सहमत हो जायें कि वह नियम नहीं बनाया जाना चाहिए तो तत्पश्चात्, यथास्थिति, वह नियम ऐसे उपान्तरित रूप में ही प्रभावशील होगा या उसका कोई भी प्रभाव न होगा, किंतु इस प्रकार कि ऐसा कोई उपान्तर या बातिलकरण उस नियम के अधीन पहले की गयी किसी बात की विधिमान्यता पर प्रतिकूल प्रभाव डाले बिना होगा।

9. **कतिपय उपबंधों का जम्मू-कश्मीर को लागू न होना** : धारा 6 और धारा 7 के उपबंध जम्मू-कश्मीर राज्य को लागू न होंगे।

गृह मंत्रालय

नई दिल्ली-1, दिनांक 18 जनवरी, 1968

संकल्प

संसद् के दोनों सदनों द्वारा पारित निम्नलिखित सरकारी संकल्प आम जानकारी के लिए प्रकाशित किया जाता है :

संकल्प

"जबकि संविधान के अनुच्छेद 343 के अनुसार संघ की राजभाषा हिंदी रहेगी और उसके अनुच्छेद 351 के अनुसार हिंदी भाषा की प्रसार वृद्धि करना और उसका विकास करना ताकि वह भारत की सामाजिक संस्कृति के सब तत्वों की अभिव्यक्ति का माध्यम हो सके, संघ का कर्तव्य है; यह सभा संकल्प करती है कि हिंदी के प्रसार एवं विकास की गति बढ़ाने के हेतु तथा संघ के विभिन्न राजकीय प्रयोजनों के लिए उत्तरोत्तर इसके प्रयोग हेतु भारत सरकार द्वारा एक अधिक गहन एवं व्यापक कार्यक्रम तैयार किया जायेगा और उसे कार्यान्वित किया जायेगा और किये जाने वाले उपायों एवं की जाने वाली प्रगति की विस्तृत वार्षिक मूल्यांकन रिपोर्ट संसद् की दोनों सभाओं के पटल पर रखी जायेंगी और सब राज्य सरकारों को भेजी जायेगी;

2. जबकि संविधान की आठवीं अनुसूची में हिंदी के अतिरिक्त भारत की 14 मुख्य भाषाओं का उल्लेख किया गया है, और देश की शैक्षणिक एवं सांस्कृतिक उन्नति के लिए यह आवश्यक है कि इन भाषाओं के पूर्ण विकास के हेतु सामूहिक उपाय किये जाने चाहिए;

यह सभा संकल्प करती है कि हिंदी के साथ-साथ इन सब भाषाओं के समन्वित विकास के हेतु भारत सरकार द्वारा राज्य सरकारों के सहयोग से एक कार्यक्रम तैयार किया जायेगा और उसे कार्यान्वित किया जायेगा ताकि वे शीघ्र समृद्ध हों और आधुनिक ज्ञान के संचार का प्रभावी माध्यम बनें;

3. जबकि एकता की भावना के संवर्धन तथा देश के विभिन्न भागों में जनता में संचार की सुविधा के हेतु यह आवश्यक है कि भारत सरकार द्वारा राज्य सरकारों के परामर्श से तैयार किये गये त्रै-भाषा सूत्र को सभी राज्यों में पूर्णत: कार्यान्वित करने के लिए प्रभावी किया जाना चाहिए;
यह सभा संकल्प करती है कि हिंदी-भाषी क्षेत्रों में, हिंदी तथा अंग्रेजी के अतिरिक्त एक आधुनिक भारतीय भाषा के, दक्षिण भारत की भाषाओं में से किसी एक को तरजीह देते हुए, और अहिंदी-भाषी क्षेत्रों में प्रादेशिक भाषाओं एवं अंग्रेजी के साथ-साथ हिंदी के अध्ययन के लिए उस सूत्र के अनुसार प्रबंध किया जाना चाहिए।

4. और जबकि यह सुनिश्चित करना आवश्यक है कि संघ की लोक सेवाओं के विषय में देश के विभिन्न भागों के लोगों के न्यायोचित दावों और हितों का पूर्ण परित्राण किया जाये :

यह सभा संकल्प करती है—

(क) कि उन विशेष सेवाओं अथवा पदों को छोड़कर जिनके लिए ऐसी किसी सेवा अथवा पद के कर्तव्यों के संतोषजनक निष्पादन के हेतु केवल अंग्रेजी अथवा केवल हिंदी अथवा दोनों जैसी कि स्थिति हो, का उच्च स्तर का ज्ञान आवश्यक समझा जाये, संघ सेवाओं अथवा पदों के लिए भर्ती करने के हेतु उम्मीदवारों के चयन के समय हिंदी अथवा अंग्रेजी में से किसी एक का ज्ञान अनिवार्यत: अपेक्षित होगा; और

(ख) कि परीक्षाओं की भावी योजना, प्रक्रिया संबंधी पहलुओं एवं समय के विषय में संघ लोक सेवा आयोग के विचार जानने के पश्चात् अखिल भारतीय एवं उच्चतर केंद्रीय सेवाओं संबंधी परीक्षाओं के लिए संविधान की आठवीं अनुसूची में सम्मिलित सभी भाषाओं तथा अंग्रेजी को वैकल्पिक माध्यम के रूप में रखने की अनुमति होगी।

आर० डी० थापर
संयुक्त सचिव, भारत सरकार

चतुर्थ

नियम

राजभाषा (संघ के शासकीय प्रयोजनों के लिए प्रयोग) नियम 1976

सा० का० नि० 1052 : राजभाषा अधिनियम, 1963 (1963 का 19) की धारा 3 की उपधारा (4) के साथ पठित धारा 8 द्वारा प्रदत्त शक्तियों का प्रयोग करते हुए, केंद्रीय सरकार निम्नलिखित नियम बनाती है, अर्थात् :

1. **संक्षिप्त नाम, विस्तार और प्रारंभ** : (1) इन नियमों का संक्षिप्त नाम राजभाषा (संघ के शासकीय प्रयोजनों के लिए प्रयोग) नियम, 1976 है।

(2) इनका विस्तार, तमिलनाडु राज्य के सिवाय संपूर्ण भारत पर है।

(3) ये राजपत्र में प्रकाशित की तारीख को प्रवृत्त होंगे।

2. **परिभाषाएँ** : इन नियमों में जब तक कि संदर्भ से अन्यथा अपेक्षित न हो :

(क) 'अधिनियम' से राजभाषा अधिनियम, 1963 (1963 का 19) अभिप्रेत है;

(ख) 'केंद्रीय सरकार के कार्यालय' के अंतर्गत निम्नलिखित भी हैं, अर्थात् :

(i) केंद्रीय सरकार का कोई मंत्रालय, विभाग या कार्यालय,

(ii) केंद्रीय सरकार द्वारा नियुक्त किसी आयोग, समिति या अधिकरण का कोई कार्यालय, और

(iii) केंद्रीय सरकार के स्वामित्व में या नियंत्रण के अधीन किसी निगम या कंपनी का कोई कार्यालय;

(ग) 'कर्मचारी' से केंद्रीय सरकार के कार्यालय में नियोजित कोई व्यक्ति अभिप्रेत है;

(घ) 'अधिसूचित कार्यालय' से नियम 10 के उपनियम (4) के अधीन अधिसूचित कार्यालय अभिप्रेत है;

(ङ) 'हिंदी में प्रवीणता' से नियम 9 में वर्णित प्रवीणता अभिप्रेत है;

(च) 'क्षेत्र क' से बिहार, हरियाणा, हिमाचल प्रदेश, मध्य प्रदेश, राजस्थान और उत्तर प्रदेश राज्य तथा दिल्ली संघ राज्यक्षेत्र अभिप्रेत हैं;

(छ) क्षेत्र 'ख' से गुजरात, महाराष्ट्र और पंजाब राज्य तथा अंदमान और निकोबार द्वीप समूह तथा चण्डीगढ़ संघ राज्य क्षेत्र अभिप्रेत हैं;

(ज) 'क्षेत्र ग' से खण्ड (च) और (छ) में निर्दिष्ट राज्यों और संघ राज्यक्षेत्रों से भिन्न राज्य तथा संघ राज्यक्षेत्र अभिप्रेत हैं;

(झ) हिंदी का कार्यसाधक ज्ञान से नियम 10 में वर्णित कार्यसाधक ज्ञान अभिप्रेत है।

3. राज्यों आदि और केंद्रीय सरकार के कार्यालयों से भिन्न कार्यालयों के साथ पत्रादि : (1) केंद्रीय सरकार के कार्यालय से क्षेत्र क में किसी राज्य या संघ राज्यक्षेत्र को या ऐसे राज्य या संघ राज्यक्षेत्र में किसी कार्यालय (जो केंद्रीय सरकार का कार्यालय न हो) या व्यक्ति के पत्रादि, असाधारण दशाओं को छोड़कर हिंदी में होंगे और यदि उनमें से किसी को कोई पत्रादि अंग्रेजी में भेजे जाते हैं तो उनके साथ उनका हिंदी अनुवाद भी भेजा जायेगा।

(2) केंद्रीय सरकार के कार्यालय से—

(क) क्षेत्र ख में किसी राज्य या संघ राज्यक्षेत्र को या ऐसे राज्य या संघ राज्यक्षेत्र में किसी कर्यालय (जो केंद्रीय सरकार का कार्यालय न हो) या व्यक्ति को पत्रादि मामूली तौर पर हिंदी में होंगे और यदि इनमें से किसी को पत्रादि अंग्रेजी में भेजे जाते हैं तो उनके साथ उनका हिंदी अनुवाद भी भेजा जायेगा।

परंतु यदि कोई ऐसा राज्य या संघ राज्यक्षेत्र यह चाहता है कि किसी विशिष्ट वर्ग या प्रवर्ग के पत्रादि या उसके किसी कार्यालय के लिए आशयित पत्रादि संबद्ध राज्य या संघ राज्यक्षेत्र की सरकार द्वारा विनिर्दिष्ट अवधि तक अंग्रेजी या हिंदी में भेजे जायें और उसके साथ दूसरी भाषा में उसका अनुवाद भी भेजा जाये तो ऐसे पत्रादि उसी रीति से भेजे जायेंगे।

(ख) क्षेत्र ख के किसी राज्य या संघ राज्यक्षेत्र में किसी व्यक्ति को पत्रादि हिंदी या अंग्रेजी में भेजे जा सकते हैं।

(3) केंद्रीय सरकार के कार्यालय से क्षेत्र ग में किसी राज्य या संघ राज्यक्षेत्र को या ऐसे राज्य में किसी कार्यालय (जो केंद्रीय सरकार का कार्यालय न हो) या व्यक्ति को पत्रादि अंग्रेजी में होंगे।

(4) उपनियम (1) और (2) में किसी बात के हुए भी, क्षेत्र ग में केंद्रीय सरकार के कार्यालय से क्षेत्र क या ख में किसी राज्य या संघ राज्यक्षेत्र को या ऐसे राज्य में किसी कार्यालय (जो केंद्रीय सरकार के कार्यालय न हों) या व्यक्ति को पत्रादि हिंदी या अंग्रेजी में हो सकते हैं।

4. केंद्रीय सरकार के कार्यालयों के बीच पत्रादि : (क) केंद्रीय सरकार के किसी एक मंत्रालय या विभाग और किसी दूसरे मंत्रालय या विभाग के बीच पत्रादि हिंदी या अंग्रेजी में हो सकते हैं।

(ख) केंद्रीय सरकार के एक मंत्रालय या विभाग और क्षेत्र क में स्थित संलग्न या अधीनस्थ कार्यालयों के बीच पत्रादि हिंदी में होंगे और ऐसे अनुपात में होंगे जो केंद्रीय सरकार ऐसे कार्यालयों में हिंदी का कार्यसाधक ज्ञान रखने वाले व्यक्तियों की संख्या, हिंदी में पत्रादि भेजने की सुविधाओं और उससे संबंधित आनुषंगिक बातों को ध्यान में रखते हुए, समय-समय पर, अवधारित करे।

(ग) क्षेत्र क में स्थित केंद्रीय सरकार के ऐसे कार्यालयों के बीच, जो खंड (क) या खंड (ख) में विनिर्दिष्ट कार्यालय से भिन्न हैं, पत्रादि हिंदी में होंगे;

(घ) क्षेत्र क में स्थित केंद्रीय सरकार के कार्यालयों और क्षेत्र ख या क्षेत्र ग में स्थित केंद्रीय सरकार के कार्यालयों के बीच पत्रादि हिंदी या अंग्रेजी में हो सकते हैं।

(ङ) क्षेत्र ख या क्षेत्र ग में स्थित केंद्रीय सरकार के कार्यालयों के बीच पत्रादि हिंदी या अंग्रेजी में हो सकते हैं :

परंतु जहाँ ऐसे पत्रादि—

(i) क्षेत्र क या क्षेत्र ख के किसी कार्यालय को संबोधित हैं वहां, यदि आवश्यक हो तो, उनका दूसरी भाषा में अनुवाद पत्रादि प्राप्त करने के स्थान पर किया जायेगा;

(ii) क्षेत्र ग में किसी कार्यालय को संबोधित हैं वहाँ उनका दूसरी भाषा में अनुवाद उनके साथ भेजा जायेगा :

परंतु यह और कि यदि कोई पत्रादि किसी अधिसूचित कार्यालय को संबोधित हैं तो दूसरी भाषा में ऐसा अनुवाद उपलब्ध कराने की अपेक्षा नहीं की जायेगी।

5. हिंदी में प्राप्त पत्रादि के उत्तर : नियम 3 और नियम 4 में किसी बात के होते हुए भी, हिंदी में पत्रादि के उत्तर केंद्रीय सरकार के कार्यालय से हिंदी में दिये जायेंगे।

6. हिंदी और अंग्रेजी दोनों का प्रयोग : अधिनियम की धारा 3 की उपधारा (3) में निर्दिष्ट सभी दस्तावेजों के लिए हिंदी और अंग्रेजी दोनों का प्रयोग किया जायेगा और ऐसी दस्तावेजों पर हस्ताक्षर करने वाले व्यक्तियों का यह उत्तरदायित्व होगा कि वे यह सुनिश्चित कर लें कि ऐसी दस्तावेजें हिंदी और अंग्रेजी दोनों ही में तैयार की जाती हैं, निष्पादित की जाती हैं और जारी की जाती हैं।

7. आवेदन, अभ्यावेदन, आदि : (1)—कोई कर्मचारी आवेदन, अपील या अभ्यावेदन हिंदी या अंग्रेजी में कर सकता है।

(2) जब उपनियम (1) में निर्दिष्ट कोई आवेदन, अपील या अभ्यावेदन हिंदी में किया गया हो या उस पर हिंदी में हस्ताक्षर किये गये हों तब उसका उत्तर हिंदी में दिया जायेगा।

(3) यदि कोई कर्मचारी यह चाहता है कि सेवा संबंधी विषयों (जिनके अंतर्गत अनुशासनिक कार्यवाहियाँ भी हैं) से संबंधित कोई आदेश या सूचना, जिसका कर्मचारी पर तामील किया जाना अपेक्षित है, यथास्थिति, हिंदी या अंग्रेजी में होनी चाहिए तो वह उसे असम्यक् विलंब के बिना उसी भाषा में दी जायेगी।

8. केंद्रीय सरकार के कार्यालयों में टिप्पणों का लिखा जाना : (1) कोई कर्मचारी किसी फाइल पर टिप्पण या मसौदा हिंदी या अंग्रेजी में लिख सकता है और उससे यह अपेक्षा नहीं की जायेगी कि वह उसका अनुवाद दूसरी भाषा में प्रस्तुत करे।

(2) केंद्रीय सरकार का कोई भी कर्मचारी, जो हिंदी का कार्यसाधक ज्ञान रखता है, हिंदी में किसी दस्तावेज के अंग्रेजी अनुवाद की माँग तभी कर सकता है, जब वह दस्तावेज विधिक या तकनीकी प्रकृति की है, अन्यथा नहीं।

(3) यदि यह प्रश्न उठता है कि कोई विशिष्ट दस्तावेज विधिक या तकनीकी प्रकृति की है या नहीं, तो विभाग या कार्यालय का प्रधान उसका विनिश्चय करेगा।

(4) उपनियम (1) में किसी बात के होते हुए भी, केंद्रीय सरकार, आदेश द्वारा ऐसे अधिसूचित कार्यालयों को विनिर्दिष्ट कर सकती है जहाँ ऐसे कर्मचारियों द्वारा, जिन्हें हिंदी में प्रवीणता प्राप्त है, टिप्पण, प्रारूपण और ऐसे अन्य शासकीय प्रयोजनों के लिए, जो आदेश में विनिर्दिष्ट किये जायें, केवल हिंदी का प्रयोग किया जायेगा।

9. हिंदी में प्रवीणता : यदि किसी कर्मचारी ने—

(क) मैट्रिक परीक्षा या उसकी समतुल्य या उससे उच्चतर कोई परीक्षा हिंदी के माध्यम से उत्तीर्ण कर ली है; या

(ख) स्नातक परीक्षा में अथवा स्नातक परीक्षा की समतुल्य या उससे उच्चतर किसी अन्य परीक्षा में हिंदी को एक वैकल्पिक विषय के रूप में लिया था; या

(ग) यदि वह इन नियमों से उपाबद्ध प्ररूप में यह घोषणा करता है कि उसे हिंदी में प्रवीणता प्राप्त है;

तो उसके बारे में यह समझा जायेगा कि उसने हिंदी में प्रवीणता प्राप्त कर ली है।

10. हिंदी का कार्यसाधक ज्ञान : (1) (क) यदि किसी कर्मचारी ने—

(i) मैट्रिक परीक्षा या उसकी समतुल्य या उससे उच्चतर परीक्षा हिंदी विषय के साथ उत्तीर्ण कर ली है; या

(ii) केंद्रीय सरकार की हिंदी प्रशिक्षण योजना के अंतर्गत आयोजित प्राज्ञ परीक्षा या, जब उस सरकार द्वारा किसी विशिष्ट प्रवर्ग के पदों के संबंध में उस योजना के अंतर्गत कोई निम्नतर परीक्षा विनिर्दिष्ट है, तब वह परीक्षा उत्तीर्ण कर ली है; या

(iii) केंद्रीय सरकार द्वारा उस निमित्त विनिर्दिष्ट कोई अन्य परीक्षा उत्तीर्ण कर ली है; या

(ख) यदि वह इन नियमों से उपाबद्ध प्ररूप में यह घोषणा करता है कि उसने ऐसा ज्ञान प्राप्त कर लिया है, तो उसके बारे में यह समझा जायेगा कि उसने हिंदी का कार्यसाधक ज्ञान प्राप्त कर लिया है।

(2) यदि केंद्रीय सरकार के किसी कार्यालय में कार्य करने वाले कर्मचारियों में से अस्सी प्रतिशत ने हिंदी का ऐसा ज्ञान प्राप्त कर लिया है तो उस कार्यालय के कर्मचारियों के बारे में सामान्यतया यह समझा जायेगा कि उन्होंने हिंदी का कार्यसाधक ज्ञान प्राप्त कर लिया है।

(3) केंद्रीय सरकार या केंद्रीय सरकार द्वारा इस निमित्त विनिर्दिष्ट कोई अधिकारी यह अवधारित कर सकता है कि केंद्रीय सरकार के किसी कार्यालय के कर्मचारियों ने हिंदी का कार्यसाधक ज्ञान प्राप्त कर लिया है या नहीं।

(4) केंद्रीय सरकार के जिन कार्यालयों के कर्मचारियों ने हिंदी का कार्यसाधक ज्ञान प्राप्त कर लिया है, उन कार्यालयों के नाम, राजपत्र में अधिसूचित किये जायेंगे :

परंतु यदि केंद्रीय सरकार की राय है कि किसी अधिसूचित कार्यालय में काम करने वाले और हिंदी का कार्यसाधक ज्ञान रखने वाले कर्मचारियों का प्रतिशत किसी तारीख से, उपनियम (2) में विनिर्दिष्ट प्रतिशत से कम हो गया है, तो वह, राजपत्र में अधिसूचिना द्वारा, घोषित कर सकती है कि उक्त कार्यालय उस तारीख से अधिसूचत कार्यालय नहीं रह जायेगा।

11. मैन्युअल, संहिताएँ और प्रक्रिया संबंधी अन्य साहित्य, लेखन सामग्री, आदि : (1) केंद्रीय सरकार के कार्यालयों से संबंधित सभी मैन्युअल, संहिताएँ और प्रक्रिया संबंधी अन्य साहित्य हिंदी और अंग्रेजी में द्विभाषीय रूप में यथास्थिति, मुद्रित या माइक्लोस्टाइल किया जायेगा और प्रकाशित किया जायेगा।

(2) केंद्रीय सरकार के किसी कार्यालय में प्रयोग किये जाने वाले रजिस्टरों के प्ररूप और शीर्षक हिंदी और अंग्रेजी में होंगे।

(3) केंद्रीय सरकार के किसी कार्यालय में प्रयोग के लिए सभी नामपट्ट, सूचना

पट्ट, पत्रशीर्ष और लिफाफों पर उत्कीर्ण लेख तथा लेखन सामग्री की अन्य मदें हिंदी और अंग्रेजी में लिखी जायेंगी, मुद्रित या उत्कीर्ण होंगी;

परंतु यदि केंद्रीय सरकार ऐसा करना आवश्यक समझती है तो वह, साधारण या विशेष आदेश द्वारा, केंद्रीय सरकार के किसी कार्यालय को इस नियम के सभी या किन्हीं उपबंधों से छूट दे सकती है।

12. अनुपालन का उत्तरदायित्व : (1) केंद्रीय सरकार के प्रत्येक कार्यालय के प्रशासनिक प्रधान का यह उत्तरदायित्व होगा कि वह :

(i) यह सुनिश्चित करे कि अधिनियम और इन नियमों के उपबंधों का समुचित रूप से अनुपालन हो रहा है; और

(ii) इस प्रयोजन के लिए उपयुक्त और प्रभावकारी जाँच के लिए उपाय करे।

(2) केंद्रीय सरकार अधिनियम और इन नियमों के उपबंधों के सम्यक् अनुपालन के लिए अपने कर्मचारियों और कार्यालय को समय-समय पर आवश्यक निदेश जारी कर सकती है।

प्ररूप

(नियम 9 और 10 देखिये)

मैं इसके द्वारा यह घोषणा करता हूँ कि निम्नलिखित के आधार पर* मुझे हिंदी में प्रवीणता प्राप्त है/मैंने हिंदी का कार्यसाधक ज्ञान प्राप्त कर लिया है :

तारीख | हस्ताक्षर

राजभाषा (संघ के प्रशासकीय प्रयोजनों के लिए प्रयोग) नियम, 1976 की प्रमुख बातें

भारत के राजपत्र में प्रकाशित (17-7-1976)

1. ये सभी केंद्रीय सरकारी कार्यालयों पर, जिनमें केंद्रीय सरकार के स्वामित्व में, या उसके नियंत्रण में निगम या कंपनी के कार्यालय आदि भी सम्मिलित हैं, लागू होते हैं (नियम 2)।
2. केंद्रीय सरकार के कार्यालयों में पत्रादि (i) हिंदी-भाषी राज्यों को (जिन्हें 'क क्षेत्र' के राज्य कहा गया है) अर्थात् हिमाचल प्रदेश, हरियाणा, राजस्थान, मध्य प्रदेश, बिहार, उत्तर प्रदेश और संघशासित क्षेत्र दिल्ली को

*जो लागू न होता हो, उसे कृपया काट दीजिये।

अथवा (ii) किसी अन्य कार्यालय को (केंद्रीय सरकार के कार्यालय से भिन्न) अथवा (iii) 'क क्षेत्र' के किसी व्यक्ति को अनिवार्यतः हिंदी में ही भेजे जायेंगे और यदि किन्हीं असाधारण दशाओं में कोई पत्रादि उनमें से किसी को अंग्रेजी में भेजा जाता है तो उसके साथ-साथ उसका हिंदी अनुवाद भी भेजना अनिवार्य है नियम 3 (1)।

3. केंद्रीय सरकार के कार्यालयों से पत्रादि (i) पंजाब, महाराष्ट्र, गुजरात, चण्डीगढ़, संघशासित क्षेत्र और अंडमान-निकोबार द्वीप समूह को (जिन्हें 'ख क्षेत्र' के राज्य कहा गया है) अथवा (ii) उपर्युक्त क्षेत्र में स्थित किसी कार्यालय को (जो केंद्रीय सरकार के कार्यालय से भिन्न हो) सामान्यतया हिंदी में होंगे और यदि कोई पत्रादि उनमें से किसी को अंग्रेजी में भेजा जाता है तो उसके साथ-साथ उसका हिंदी अनुवाद भी भेजना अनिवार्य होगा। तथापि इन राज्यों में किसी व्यक्ति को भेजे जाने वाले पत्रादि हिंदी या अंग्रेजी में भेजे जा सकते हैं (नियम 3 (2)। अन्य क्षेत्रों (जिन्हें 'ग क्षेत्र' कहा गया है) के राज्य को या कार्यालय को केंद्रीय सरकार के कार्यालय से भिन्न) या व्यक्ति को पत्रादि अंग्रेजी में भेजे जायेंगे (नियम 3 (3)।
4. केंद्रीय सरकार के एक मंत्रालय या विभाग और दूसरे मंत्रालय या विभाग के बीच पत्रादि हिंदी या अंग्रेजी में हो सकते हैं। केंद्रीय सरकार के एक मंत्रालय/विभाग और 'क क्षेत्र' में स्थित संलग्न/अधीनस्थ कार्यालय के बीच पत्रादि हिंदी में ऐसे अनुपात में भेजने पड़ेंगे जिसे सरकार निर्धारित करेगी (नियम 4 (क) और (ख))।
5. 'क क्षेत्र' में स्थित अन्य केंद्रीय सरकार के कार्यालयों के बीच पत्रादि हिंदी में भेजने जरूरी हैं (नियम 4 (ग))।
6. केंद्रीय सरकार के कार्यालयों और 'ख' तथा 'ग' क्षेत्रों में स्थित कार्यालयों में पत्रादि हिंदी अथवा अंग्रेजी में हो सकते हैं (किन्हीं मामलों में अनुवाद भी देने होंगे) (नियम 4 (घ))।
7. हिंदी में प्राप्त पत्रादि के उत्तर अनिवार्यतः हिंदी में ही दिये जायेंगे (नियम 5)। कोई आवेदन, अपील या अभिवेदन जब भी हिंदी में किया जाये या उसमें हिंदी में हस्ताक्षर किये जायें तो उसका उत्तर हिंदी में ही दिया जायेगा (नियम 7 (2))।
8. संकल्प, अधिसूचना, सामान्य आदेश, लाइसेंस, परमिट, निविदा, नोटिस रिपोर्ट आदि पर हस्ताक्षर करने वाले व्यक्ति का उत्तरदायित्व होगा कि वह यह सुनिश्चित कर ले कि ऐसे दस्तावेज हिंदी और अंग्रेजी दोनों में ही तैयार किये जाते हैं, निष्पादित किये जाते हैं या जारी किये जाते हैं

(नियम 6)।

9. कोई कर्मचारी किसी फाइल पर टिप्पणी हिंदी या अंग्रेजी में लिख सकता है और उससे यह अपेक्षा नहीं की जायेगी कि वह उसका अनुवाद दूसरी भाषा में प्रस्तुत करे (नियम 8 (1))।
10. केंद्रीय सरकार का कर्मचारी, जिसे हिंदी का कार्यसाधक ज्ञान प्राप्त है, किसी हिंदी दस्तावेज के अंग्रेजी अनुवाद की माँग तब ही कर सकता है जब कि वह दस्तावेज विधिक या तकनीकी प्रकृति का हो (नियम 8 (2))। किसी कर्मचारी के बारे में उस समय यह समझा जायेगा कि उसने हिंदी का कार्यसाधक ज्ञान प्राप्त कर लिया है, यदि उसने मैट्रिक परीक्षा या उसके समतुल्य परीक्षा हिंदी विषय के साथ उत्तीर्ण कर ली है अथवा प्राज्ञ परीक्षा आदि उत्तीर्ण कर ली है अथवा वह यह घोषणा कर चुका है कि उसने ऐसा ज्ञान प्राप्त कर लिया है (नियम 10)।
11. केंद्रीय सरकार के कार्यालयों से संबंधित सभी मैन्युअल, संहिताएँ और अन्य प्रक्रिया संबंधी साहित्य हिंदी और अंग्रेजी दोनों में द्विभाषिक रूप में, मुद्रित या साइक्लोस्टाइल और प्रकाशित करना अनिवार्य होगा। सभी फार्म और रजिस्टरों के शीर्ष, नामपट्ट, सूचनापट्ट तथा स्टेशनरी आदि की मदें हिंदी और अंग्रेजी में होंगी (नियम 11)।
12. प्रत्येक कार्यालय के प्रशासनिक प्रधान का यह उत्तरदायित्व होगा कि वह यह सुनिश्चित करे कि राजभाषा अधिनियम और इन नियमों का समुचित रूप से अनुपालन किया जाता है और इस प्रयोजन के लिए उपयुक्त और प्रभावकारी जाँच-पड़ताल के उपाय करे (नियम 12)।

पंचम

कुछ पदाधिकारियों व कर्मचारियों के कर्तव्य

सर्वकार्यभारी अधिकारी/संपर्क अधिकारी

राष्ट्रपति के 27 अप्रैल, 1960 के आदेश के अनुसार कुछ श्रेणी के कर्मचारियों को छोड़कर सभी कर्मचारियों के लिए हिंदी सीखना अनिवार्य कर दिया गया था। इससे पूर्व ही हिंदी-शिक्षण-योजना प्रारंभ हो चुकी थी जिसके अंतर्गत संपूर्ण देश में पूर्वकालिक और अंशकालिक केंद्र स्थापित किये गये। इन केंद्रों के संचालन की जिम्मेदारी केंद्रीय सरकार के स्थानीय कार्यालयों के वरिष्ठ अधिकारियों को सौंपी गयी है। ये अधिकारी दूसरे विभागों के होते हैं, राजभाषा विभाग के नहीं। इनको सर्वकार्यभारी अधिकारी कहा जाता है। इन अधिकारियों से संपर्क रखने के लिए और योजना की सामान्य देखभाल के लिए नयी दिल्ली, मद्रास, कलकत्ता, बम्बई और जबलपुर में हिंदी शिक्षण योजना के क्षेत्रीय कार्यालय खोले गये हैं। इन क्षेत्रीय कार्यालयों में उपनिदेशक नियुक्त किये गये हैं जो योजना का प्रशासनिक तथा संगठनात्मक काम देखते हैं। अन्य स्थानों पर सर्वकार्यभारी अधिकारी योजना का संगठनात्मक और प्रशासनिक सभी काम देखते हैं।

इस समय नागपुर, विशाखापत्तनम, गोहाटी, पटना, हैदराबाद, शिलांग, पूना, इलाहाबाद, देहरादून, जयपुर, अहमदाबाद, चंडीगढ़, भुवनेश्वर, कोचीन तथा श्रीनगर में सर्वकार्यभारी अधिकारी नियुक्त हैं। इन अधिकारियों को इस अतिरिक्त कार्य के लिए 25 से 80 रुपये तक मासिक मानदेय दिया जाता है।

इस प्रकार से सर्वकार्यभारी अधिकारी की सहायता के लिए अथवा अंशकालिक केंद्रों पर संपर्क अधिकारी की नियुक्ति की जाती है। जहाँ दोनों अधिकारी होते हैं, संपर्क अधिकारी सर्वकार्यभारी अधिकारी की सहायता करता है।

संपर्क अधिकारी—अधिकार तथा कर्तव्य :

संपर्क अधिकारी का सर्वप्रथम परिचय हिंदी-शिक्षण-योजना की संदर्शन पुस्तिका के परा 21 में होता है। प्रत्येक केंद्रीय सरकार के कार्यालय में जहाँ हिंदी-शिक्षण-योजना का शुभारंभ हो गया है, वहाँ के कर्मचारियों और उनकी हिंदी विषयक प्रशिक्षा की देखभाल करने के लिए एक अधिकारी को नामित करना होता है। यह अधिकारी राजपत्रित और पर्याप्त वरिष्ठता प्राप्त होना चाहिए। (गृह मंत्रालय के कार्यालय ज्ञापन संख्या 3/27/66-एच दिनांक 29 अगस्त, 1960 व कार्यालय ज्ञापन 18/9/67-एच दिनांक 4 जुलाई 68 के अनुरूप) इस प्रकार संपर्क अधिकारी का प्रथम कर्तव्य यह हुआ कि वह शिक्षार्थी, शिक्षक और कार्यालय में संपर्क का कार्य करता है। इतना महत्त्वपूर्ण और विस्तृत कार्य तभी संपादित हो सकता है जबकि वह अधिकारी कार्यालय का स्वयं प्रधान हो या उपप्रधान हो या प्रशासन से संबंधित वरिष्ठ अधिकारी हो।

गृह मंत्रालय से समय-समय पर प्रचारित और प्रसारित पत्रों और कार्यालय ज्ञापनों में इस प्रमुख अधिकारी के कार्यकलापों का उल्लेख किया जाता रहा है। संपर्क अधिकारियों के कार्य अधोलिखित हैं। उनका कर्तव्य और कार्य यह सुनिश्चित करना है कि :

(क) हिंदी-शिक्षण-योजना के अधीन जिन कर्मचारियों को हिंदी/हिंदी टाइपिंग/हिंदी आशुलिपि का प्रशिक्षण देना है उनका एक अद्यतन रौस्टर बनाना।

(ख) अर्धवार्षिक प्रगति विवरण सहित सभी विवरण विहित प्रपत्रों पर यथासमय भेजना।

(ग) अनुपाततः कर्मचारियों की नियुक्ति नियमित उपस्थिति एवं सत्रावसान पर अधिकतम छात्रों का परीक्षा में बैठने के कार्य को देखना।

(घ) संपर्क अधिकारियों की (नियमित/विशिष्ट) बैठकों में सम्मिलित होना।

(ङ) मंत्रालय/क्षेत्रीय अधिकारी/सर्वकार्यभारी अधिकारी द्वारा अपेक्षित तथ्य और आँकड़ों को प्रस्तुत करना।

(च) कक्षा में प्रवेशाकांक्षी कर्मचारियों के वितरण के लिए पाठ्य-पुस्तकें सर्वकार्यभारी अधिकारी के यहाँ से प्राप्त करना। उनका हिसाब रखना।

(छ) विहित पुस्तकें खरीदना जिनका सदुपयोग निजी रूप में तैयारी करने वाले प्रशिक्षार्थियों या भ्रमणकारी कर्मचारियों या केंद्रहीन स्थान के कर्मचारियों या पत्राचार पाठ्यक्रम के द्वारा प्रशिक्षण प्राप्त करने वाले

कर्मचारियों को देना ।

(ज) सघन पाठ्यक्रमों के लिए अपेक्षित सूचना व आंकड़े देना ।

(झ) वर्कशाप के लिए पाठ्यक्रम तैयार कर कार्यान्वियन की दिशा में प्रयत्न करना ।

(ञ) वर्ष में एक बार सफल विद्यार्थियों के लिए प्रमाणपत्र और पुरस्कारों का वितरण कराना ।

(ट) हिंदी विषयक प्रचार और प्रसार की दिशा में प्रतियोगिया या स्पर्धा वाले कार्यक्रमों का आयोजन करना ।

(ठ) कार्यालय में हिंदी कक्ष की रचना, कार्यान्वयन और प्रसार कार्य करना ।

(ड) हिंदी कक्षा के लिए स्थान, छात्रों के लिए उचित बैठने की व्यवस्था, एवं अन्य सहयोगी सामग्री प्रदान करना ।

(ढ) केंद्र के हिंदी शिक्षक की कार्यप्रणाली, नियमितता, अभिरुचि, विशेष प्रयास, संपर्क पर ध्यान देना ।

(ण) संपर्क अधिकारी को समय-समय पर कक्षा-स्थान पर उपस्थित होकर छात्रों को अपनी अभिरुचि द्वारा प्रोत्साहन देना ।

उपर्युक्त कर्तव्य और कार्यों का संपादन करने वाला संपर्क अधिकारी वास्तव में ऐसा सक्रिय सहयोग देता है, जो उसकी मिशनरी भावना का जीता-जागता रूप है । उसकी अभिरुचि हिंदी-विषयक तत्परता, उसका संपर्क और दूरदर्शिता न केवल उसके कार्यालय के प्रशिक्षण को त्वरित करती है वरन् केंद्र से सहयोग और समन्वय कर गृह मंत्रालय के इस महान् यज्ञ में वह महत्त्वपूर्ण योगदान देता है, वह प्रच्छन्न योगदान है और गुप्तदान के समान महत्त्वपूर्ण है ।

हिंदी अधिकारी

हिंदी अधिकारियों की साधारणतः अंग्रेजी-हिंदी और हिंदी-अंग्रेजी के अनुवाद के काम और राजभाषा संबंधी आदेशों के कार्यान्वयन की जिम्मेदारी है । फिर भी राजभाषा विभाग के अनुसार उनके निम्नलिखित कर्तव्य हैं :

1. अंग्रेजी से हिंदी और हिंदी से अंग्रेजी के अनुवाद का काम और उसकी वेटिंग ।
2. विभाग के अधिकारियों और कर्मचारियों को सरकार के राजभाषा संबंधी आदेशों की जानकारी कराना और उसके कार्यान्वियन में मदद करना ।
3. राजभाषा अधिनियम के उपबंधों तथा हिंदी प्रशिक्षण और राजभाषा

संबंधी आदेशों का अपने विभाग और उसके अधीन कार्यालयों, अनुभागों, कंपनियों, निगमों आदि में यथोचित रूप से अनुपालन कराना ।

4. विभाग/कार्यालय की राजभाषा कार्यान्वयन समिति के सचिव के रूप में काम करना और उसकी बैठकें समय-समय पर बुलाना। उन बैठकों की कार्यसूची और कार्यवृत्त तैयार करना तथा बैठक में लिये गये निर्णयों पर की गई कार्रवाई का समन्वय करना।
5. हिंदी के प्रगामी प्रयोग को बढ़ावा देने के लिए समय-समय पर उचित सुझाव देना और इस बारे में राजभाषा विभाग से उचित माध्यम द्वारा संपर्क रखना ।
6. सहायक और संदर्भ साहित्य तैयार करना, हिंदी कार्यशाला का प्रबंध करना और अधिकारियों/कर्मचारियों को हिंदी सीखने तथा सरकारी कामकाज में उसका इस्तेमाल करने में मदद लेना।

जहाँ वरिष्ठ हिंदी अधिकारी का पद है वहाँ वरिष्ठ हिंदी अधिकारी के निर्देशन में हिंदी अधिकारी काम करेंगे और उक्त कर्तव्य उसके समझे जायेंगे ।

हिंदी अनुवाद

विभिन्न मंत्रालयों/विभागों/कार्यालयों में अनुवादक—वरिष्ठ तथा कनिष्ठ के पद/पदों का सर्जन किया गया है । इन दोनों पदों को मुख्यतः अनुवाद कार्य के लिए बनाया गया है अतएव उनसे सामान्यतः वही कार्य कराया जाना चाहिए। राजभाषा अधिनियम 1963 की धारा 3 (3) के तथा अन्य नियमों के सुनिश्चित अनुपालन के लिए इन अनुवादकों की सहायता ली जानी चाहिए। अनुवाद कार्य से इतर इनसे निम्नलिखित कार्य लिये जा सकते हैं, बशर्ते इससे अनुवाद कार्य की अवहेलना न हो :

1. विशिष्ट अवसरों पर—हिंदी सलाहकार समिति, हिंदी कार्यान्वयन समिति आदि की बैठकों आदि के समय—सहायता ली जा सकती है।
2. वरिष्ठ अनुवादकों से कार्यान्वयन संबंधी कार्य में भी सहायता ली जा सकती है ।

नोट : 1. अनुवाद कार्य के प्रशिक्षण के लिए संबंधित अनुवादक/कर्मचारी को केंद्रीय अनुवाद ब्यूरो, नागालैंड गेस्ट हाउस, सैक्टर-12, रामकृष्णपुरम्, नई दिल्ली भेजना चाहिए । यह प्रशिक्षण अनिवार्य है।

2. जिन कार्यालयों में हिंदी अधिकारी या हिंदी अनुवादक आदि का कोई पद नहीं है, वहाँ जरूरत पड़ने पर, अंग्रेजी से हिंदी या हिंदी से अंग्रेजी में अनुवाद किसी योग्य व्यक्ति (कार्यालय में) से मानदेय देकर कराया

जाये। मानदेय का दर इस प्रकार है :

रुपये 10/- (दस रुपये) प्रति 1000 शब्द।

3. संकल्प, सामान्य आदेश, नियम, अधिसूचनाएँ, विनियम, प्रेस विज्ञप्ति, परिपत्र, विविध प्रकार की योजना/परियोजना से संबंधित अनुवाद कार्य मंत्रालय/विभाग में ही होंगे। संसद् में प्रस्तुत किये जाने वाले तथा अन्य सांविधिक कागजात अनुवाद के लिए विधि मंत्रालय को अनुवाद के लिए भेजें जबकि असांविधिक मैनुअल, संहिता, फार्म आदि गृह मंत्रालय के राजभाषा विभाग के अधीन केंद्रीय अनुवाद ब्यूरो को भेजे जायें।

षष्ठ

विभिन्न प्रोत्साहन योजनाएँ

1. हिंदी सीखने के लिए सुविधाएँ एवं प्रोत्साहन सुविधाएँ

1. परीक्षा और पढ़ाई की कोई फीस नहीं ली जाती।
2. पाठ्यपुस्तकें मुफ्त दी जाती हैं।
3. कक्षाएँ दफ्तर के समय में लगायी जाती हैं।
4. कक्षाओं में आने-जाने के मार्ग-व्यय की प्रतिपूर्ति की जाती है।
5. परीक्षाओं में बैठने के लिए नियमानुसार यात्रा-भत्ता/वास्तविक खर्च दिया जाता है।
6. परीक्षाओं के लिए विशेष छुट्टी दी जाती है।
7. राजपत्रित अधिकारियों को हिंदी सीखने के लिए अलग कक्षाएँ भी लगाई जाती हैं।
8. परीक्षाओं में प्राइवेट रूप में बैठने की छूट है।
9. केंद्रीय हिंदी निदेशालय की ओर से पत्राचार द्वारा भी हिंदी पढ़ाई जाती है।
10. केंद्रीय हिंदी संस्थान में 2-3 महीने में गहन प्रशिक्षण द्वारा पूरा पाठ्यक्रम पढ़ाया जाता है।
11. निर्धारित परीक्षा पास करने पर सेवापंजी में इंदराज किया जाता है।
12. नकद और एक मुश्त पुरस्कारों की राशि पर आयकर नहीं लगता।

प्रोत्साहन

(क) **वैयक्तिक वेतन** (12 महीने के लिए एक वेतन-वृद्धि के बराबर) दिया जाता है।

1. अराजपत्रित कर्मचारियों को प्राज्ञ परीक्षा पास करने पर।
2. जिन अराजपत्रित कर्मचारियों के लिए प्रवीण या प्रबोध की परीक्षा ही अंतिम परीक्षा है उन्हें उक्त परीक्षाएँ पास करने पर।

3. राजपत्रित कर्मचारियों को अंतिम परीक्षा के रूप में प्रवीण या प्राज्ञ परीक्षा पास करने पर।
4. जहाँ हिंदी शिक्षण योजना के केंद्र नहीं हैं, वहाँ के कर्मचारियों को स्वैच्छिक हिंदी संगठनों की मैट्रिक या उससे उच्च स्तर की मान्यता प्राप्त हिंदी परीक्षा पास करने पर।

(ख) **नकद पुरस्कार** (विशेष योग्यता के साथ परीक्षा पास करने पर)

5.

प्रवीण और प्राज्ञ	प्रबोध	
300/- रु०	200/- रु०	70 प्रतिशत या अधिक अंकों पर
200/- रु०	100/- रु०	60 प्रतिशत या अधिक अंकों पर
100/- रु०	50/- रु०	55 प्रतिशत या अधिक अंकों पर

(ग) **एक मुश्त पुरस्कार** (निजी प्रयत्नों से परीक्षा पास करने पर)

6. परिचालन कर्मचारियों तथा उन कर्मचारियों को जो ऐसे स्थानों पर नियुक्त हैं, जहाँ हिंदी शिक्षण योजना के केंद्र नहीं हैं :

प्राज्ञ	प्रवीण	प्रबोध
300/- रु०	250/- रु०	250/- रु०

7. मद 4 में लिखी योग्यता वाले कर्मचारियों को 300/- रु०
   केंद्रीय हिंदी निदेशालय की हिंदी परिचय परीक्षा 300/- रु०

2. हिंदी टाइपिंग और आशुलिपि सीखने के लिए सुविधाएँ एवं प्रोत्साहन

1. परीक्षा और पढ़ाई की कोई फीस नहीं ली जाती।
2. पाठ्यपुस्तकें मुफ्त दी जाती हैं।
3. कक्षाएँ दफ्तर के समय में लगायी जाती हैं।
4. कक्षाओं में आने व जाने के मार्ग-व्यय की प्रतिपूर्ति की जाती है।
5. परीक्षाओं में बैठने के लिए नियमानुसार यात्रा-भत्ता/वास्तविक खर्च दिया जाता है।
6. परीक्षाओं में प्राइवेट रूप में बैठने की भी छूट है।
7. परीक्षाओं के लिए विशेष छुट्टी दी जाती है।
8. मान्यता प्राप्त टाइपिंग/आशुलिपि प्रशिक्षण केंद्रों पर दफ्तर के समय प्रशिक्षण के लिए जाने की इजाजत दी जाती है।
9. निर्धारित परीक्षा पास करने पर सेवापंजी में इंदराज किया जाता है।

10. नकद और एकमुश्त पुरस्कारों की राशि पर आयकर नहीं लगता।

प्रोत्साहन

(क) **वैयक्तिक वेतन** (12 महीने के लिए एक वेतन-वृद्धि के बराबर)

1. अराजपत्रित कर्मचारियों को हिंदी टाइपिंग/हिंदी आशुलिपि परीक्षा पास करने पर।
2. राजपत्रित आशुलिपिकों को भी हिंदी आशुलिपि परीक्षा 90 प्रतिशत या उससे अधिक अंक लेकर पास करने पर।

विशेष : जिन आशुलिपिकों की मातृभाषा हिंदी नहीं है, उन्हें हिंदी आशुलिपि की परीक्षा पास करने पर पहले 12 महीनों के लिए दो वेतन-वृद्धि और अगले 12 महीनों के लिए एक वेतन-वृद्धि के बराबर वैयक्तिक वेतन दिया जाता है।

(ख) **नकद पुरस्कार** (विशेष योग्यता के साथ परीक्षा पास करने पर)

राशि	**हिंदी टाइपिंग**	**हिंदी आशुलिपि**
300/- रु०	97 प्रतिशत	95 प्रतिशत या अधिक अंकों पर
200/- रु०	95 प्रतिशत	92 प्रतिशत या अधिक अंकों पर
100/- रु०	90 प्रतिशत	88 प्रतिशत या अधिक अंकों पर

(ग) **एक मुश्त पुरस्कार** (निजी प्रयत्नों से परीक्षा पास करने पर)

3. उन कर्मचारियों को, जो ऐसे स्थानों पर नियुक्त हैं, जहाँ हिंदी टाइपिंग/हिंदी आशुलिपि सिखाने के केंद्र नहीं खोले गये हैं :

हिंदी आशुलिपि	हिंदी टाइपिंग
500/- रु०	250/- रु०

3. सरकारी कामकाज में मूल हिंदी टिप्पण तथा आलेखन के लिए प्रोत्साहन

इस संबंध में एक योजना 5.10.1975 को लागू की गयी थी जो अपेक्षित सीमा तक सफल नहीं रही। अतः इसे और अधिक उदार बनाते हुए दिसंबर, 1984 को लागू की गयी :

(i) **योजना का क्षेत्र**

केंद्रीय सरकार के सभी मंत्रालय/विभाग/संबद्ध और अधीनस्थ कार्यालय अपने अधिकारियों/कर्मचारियों के लिए स्वतंत्र रूप से इस योजना को लागू कर सकते हैं।

(ii) **पात्रता**

(क) सभी श्रेणियों के वे अधिकारी/कर्मचारी इस योजना में भाग ले सकते हैं जिनसे सरकारी कामकाज में मूल टिप्पण/आलेखन की अपेक्षा की जाती है।

(ख) आशुलिपि/टाइपिस्ट जो सरकारी कामकाज में हिंदी के प्रयोग को बढ़ावा देने संबंधी किसी अन्य योजना के अंतर्गत आते हैं, इस योजना में भाग लेने के पात्र नहीं होंगे।

(ग) हिंदी अधिकारी और हिंदी अनुवादक, जो सामान्यत: अपना काम हिंदी में करते हैं, वे इस योजना में भाग लेने के पात्र नहीं होंगे।

(iii) **पुरस्कार**

भाग लेने वाले कर्मचारियों को प्रतिवर्ष उनके द्वारा हिंदी में किये गये काम के आधार पर [जिसके लिए पृथक् से मानदंड निर्धारित किये गये हैं और जिसका निर्णय मूल्यांकन समिति (मंत्रालयों/विभागों में हिंदी के प्रभारी संयुक्त सचिव, संगठन के प्रभारी अवर सचिव और वरिष्ठ हिंदी अधिकारी अथवा हिंदी अधिकारी)] निम्नलिखित नकद पुरस्कार दिये जा सकते हैं :

(क) **केंद्रीय सरकार के प्रत्येक मंत्रालय/विभाग/संबद्ध कार्यालय के लिए संयुक्त रूप से :**

प्रथम पुरस्कार	(2 पुरस्कार)	:	प्रत्येक रु० 500/-
द्वितीय पुरस्कार	(3 पुरस्कार)	:	प्रत्येक रु० 300/-
तृतीय पुरस्कार	(5 पुरस्कार)	:	प्रत्येक रु० 150/-

(ख) **केंद्रीय सरकार के किसी विभाग के प्रत्येक अधीनस्थ कार्यालय के लिए स्वतंत्र रूप से :**

प्रथम पुरस्कार	(2 पुरस्कार)	:	प्रत्येक रु० 400/-
द्वितीय पुरस्कार	(3 पुरस्कार)	:	प्रत्येक रु० 200/-
तृतीय पुरस्कार	(5 पुरस्कार)	:	प्रत्येक रु० 150/-

4. अंग्रेजी टाइपिस्टों/आशुलिपिकों को हिंदी में भी टाइपलेखन और आशुलिपि कार्य करने के लिए 'प्रोत्साहन भत्ता'

भारत सरकार के मंत्रालयों, विभागों तथा उनके संबद्ध और अधीनस्थ कार्यालयों में कार्य कर रहे उन आशुलिपिकों और टाइपिस्टों को, जो अंग्रेजी टाइप/आशुलिपि जानते हैं और अंग्रेजी के अतिरिक्त हिंदी में भी अपना सरकारी कार्य करते

हैं, क्रमशः 30 रुपये तथा 20 रुपये प्रतिमास विशेष भत्ता दिया जाये। दिनांक 15.8.1983 से यह योजना लागू कर दी गयी है। इस योजना में केवल वे ही अंग्रेजी आशुलिपिक/टाइपिस्ट इस भत्ते के पात्र होंगे जो हिंदी में औसतन 5 टिप्पणियाँ/प्रारूप/पत्र प्रतिदिन टंकित करते हैं। यह विशेष भत्ता 'वेतन' नहीं माना जायेगा और इस राशि पर महँगाई भत्ता, मकान भत्ता, नगर प्रतिकर भत्ता और अन्य भत्ते देय नहीं होंगे। केवल एक या दो पंक्तियों के प्रारूप/टिप्पणियाँ इसमें शामिल नहीं होंगे। कार्यालय अध्यक्ष तथा आशुलिपिकों/टाइपिस्टों पर पर्यवेक्षी नियंत्रण रखने वाले अधिकारियों का यह उत्तरदायित्व होगा कि वे सुनिश्चित करें कि इस योजना के अनुसार यह विशेष भत्ता संबंधित आशुलिपिक/टाइपिस्ट द्वारा द्विभाषी रूप में कार्य करने पर ही प्राप्त किया जाये।

निश्चित रूप से इस योजना से सरकारी कामकाज में हिंदी का उत्तरोत्तर प्रयोग बढ़ाने में सहायता मिलेगी।

5. राजभाषा शील्ड, ट्राफी तथा पदक प्रदान करने की योजना

केंद्रीय हिंदी समिति के निर्णय के अनुसार विभिन्न मंत्रालयों/विभागों में हिंदी के प्रयोग को प्रोत्साहन देने के लिए एक 'शील्ड' देने की योजना प्रारंभ की गयी। यह शील्ड राजभाषा विभाग की ओर से उस मंत्रालय/विभाग को प्रदान की जाती है जिसमें हिंदी में सबसे अधिक काम हुआ हो। यह योजना सन् 1980 से लागू हो गयी है। सर्वप्रथम वर्ष 1981-82 के लिए शील्ड दिया गया। इसके लिए अनुभाग द्वारा हिंदी में कार्य, हिंदी में पत्राचार तथा सन् 1963 के अधिनियम की धारा 3 (3) के अनुसार कार्यालय में किये गये कार्य, प्रशिक्षण, टाइपराइटरों की व्यवस्था, आशुलिपिकों (हिंदी-प्रशिक्षित) की व्यवस्था, प्रकाशन तथा अन्य विविध कार्यों को आधार बनाया गया।

इस संबंध में एक निर्णायक समिति का गठन भी किया गया है जिसमें मंत्रालयों/विभागों से प्राप्त आँकड़ों के आधार पर शील्ड देने का निर्णय किया जाता है। सर्वाधिक अंक प्राप्त करने वाले मंत्रालय/विभाग को शील्ड और द्वितीय, तृतीय तथा अन्य किसी को प्रोत्साहन पुरस्कार देने की भी व्यवस्था की गयी है। वर्ष 1984 के पुरस्कार दिनांक 3-3-1985 को वितरित किये गये—प्रथम—गैर पारंपरिक ऊर्जा स्रोत, द्वितीय—पूर्ति विभाग, तृतीय—पुनर्वास विभाग।

6. नगर राजभाषा कार्यान्वयन समिति को पुरस्कार

जैसा कि स्पष्ट किया जा चुका है कि दिल्ली से बाहर स्थित केंद्रीय सरकार के कार्यालयों में हिंदी संबंधी कार्य की प्रगति की समीक्षा करने, समस्याओं पर

विचार-विमर्श करने, हिंदी से संबंधित प्रतियोगिताओं का आयोजन करने के लिए प्रमुख नगरों में जहाँ 10 या उससे अधिक केंद्र सरकार के कार्यालय हैं, नगर राजभाषा कार्यान्वियन समितियाँ बनायी गयी हैं। इन समितियों की अध्यक्षता नगर के वरिष्ठतम अधिकारी करते हैं। नगर में स्थित केंद्रीय सरकार के सभी कार्यालयों के प्रतिनिधि इस समिति में रहते हैं। वर्ष 1984 में हिंदी में सबसे अच्छा कार्य करने वाली नगर राजभाषा कार्यान्वियन समिति से संबंधित अधिकारियों को प्रोत्साहनस्वरूप नकद पुरस्कार प्रदान किये जायेंगे।

संदर्भ-साहित्य

अठारहवीं शती के हिंदी पत्र, डॉ० काशिनाथ शंकर केलकर, जवाहर पुस्तकालय, मथुरा।

इंडिया द मोस्ट डेंजरस डिकेड्स, सेलिग हैरीसन, आक्सफ़ोर्ड, 1960।

उन्नीसवीं शताब्दी, डॉ० लक्ष्मीसागर वार्ष्णेय, साहित्य भवन, इलाहाबाद, 1963।

गांधी हिंदी दर्शन, सं० गोपालप्रसाद व्यास, हिंदी साहित्य सम्मेलन, दिल्ली, 1970।

गिलक्राइस्ट एंड द लैंग्वेज आफ़ हिंदुस्तान, एस० आर० किदवई, नयी दिल्ली, 1972।

द इंडियन कांस्टीट्यूशन : कार्नरस्टोन आफ़ द नेशन, ग्रानविले आस्टिन आक्सफोर्ड, 1972।

दक्खिनी हिंदी का उद्भव और विकास, डॉ० श्रीराम शर्मा, हिंदी साहित्य सम्मेलन, 1964।

दक्खिनी हिंदी : विकास और इतिहास, डॉ० परमानंद पांचाल, अलंकार प्रकाशन, दिल्ली, 1978।

द डवलपमेंट आफ़ हिंदी प्रोज लिटरेचर इन द अर्ली नाइंटीन्थ सेंचरी, डॉ० शारदा वेदालंकार, लोकभारती, इलाहाबाद, 1969।

द रिबेल ब्यूरेक्रेट—एफ़० जे० शोर (नोट्स ऑव इंडियन एफेयर्स—लंदन, 1839)

पाश्चात्य विद्वानों का हिंदी साहित्य, डॉ० जे० एच० आनंद, कृष्ण ब्रदर्स, अजमेर, 1982।

फ़ोर्टविलियम कालेज एंड प्रोसीडिंग आफ़ द कालेज, नेशनल आर्काईज़, नयी दिल्ली।

फ्रेडरिक पिंकोट : व्यक्तित्व और कृतित्व, डॉ० पद्मधर पाठक, नागरी प्रचा-

रिणी सभा, सं० 2027।

भारतीय नेताओं की हिंदी सेवा, डॉ० ज्ञानवती दरबार, रंजन प्रकाशन, नयी दिल्ली, 1961।

भाषा (केंद्रीय हिंदी निदेशालय, दिल्ली) तथा राजभाषा भारती (राजभाषा विभाग) के अंक मानक हिंदी का ऐतिहासिक व्याकरण, डॉ० माताबदल जायसवाल, महामति प्रकाशन, इलाहाबाद, 79।

राजभाषा के संदर्भ में हिंदी आंदोलन का इतिहास, डॉ० उदयनारायण दुबे, प्रकाशन संस्थान, दिल्ली, 1979।

राजभाषा भारती—अंक 1-26

राजभाषा संदेश—अंक 1-5

राजभाषा हिंदी, डॉ० मलिक मोहम्मद, राजपाल एंड संज़, दिल्ली, 1982।

राजभाषा हिंदी, डॉ० भोलानाथ तिवारी, प्रभात प्रकाशन, दिल्ली, 1982।

राजभाषा हिंदी की कहानी, डॉ० रामबाबू शर्मा, अंकुर प्रकाशन, नयी दिल्ली, 1980।

राष्ट्रभाषा का सवाल, जवाहरलाल नेहरू, 1937।

राष्ट्रभाषा पर विचार, आचार्य चंद्रबली पांडेय, नागरी प्रचारिणी सभा, काशी, 1957।

रिपोर्ट ऑफ़ द कमेटी आफ़ पार्लियामेंट आन आफ़िसियल लैंग्वेज, भारत सरकार, 1958।

रिपोर्ट आफ़ द कमेटी (नेहरू कमेटी), लखनऊ, 1928।

लल्लूजी लाल ग्रंथावली (भूमिका), डॉ० विश्वनाथ प्रसाद, भारतीय साहित्य, वर्ष 15, अंक—3-4।

लैंग्वेज एंड सोसायटी इन इंडिया, शिमला, 1969।

लोकसभा डिबेट्स, तीसरी सीरीज़, भाग—17-18, सं० 49, 51 तथा 53।

वार्षिक कार्यक्रम (1985-86), राजभाषा विभाग, गृह मंत्रालय, भारत सरकार, नयी दिल्ली, 1985।

हिंदी : अस्तित्व की तलाश, सुधाकर द्विवेदी, राधाकृष्ण प्रकाशन, 1982।

हिंदी के तीन प्रारंभिक व्याकरण—मैथ्यु वेच्चुर, इलाहाबाद, 1976।

हिंदी के प्रयोग संबंधी आदेशों का संकलन, राजभाषा विभाग (भारत सरकार), नयी दिल्ली, 1980।

हिंदी भाषा आंदोलन (सेठ गोविंददास के भाषण/लेख) लक्ष्मीचंद, हिंदी

साहित्य सम्मेलन, 1963।

हिंदी भाषा की विकास परंपरा, डॉ० रामविलास शर्मा, भारतीय साहित्य, वर्ष 15, अंक—3-4, जन०—अप्रैल, 1970 (पृ० 73-218)।

हिंदी विधि शब्दावली, डॉ० मोतीबाबू, हिंदी साहित्य सम्मेलन, प्रयाग, 1969।

□□